DIE ANFECHTUNG
DES
GENERALVERSAMMLUNGSBESCHLUSSES EINER AKTIENGESELLSCHAFT
DURCH DEN AKTIONÄR

VON

DR. IUR. GOTTFRIED WEISSBACH

LEIPZIG
VERLAG VON VEIT & COMP.
1911

DIE ANFECHTUNG
DES
GENERALVERSAMMLUNGSBESCHLUSSES EINER AKTIENGESELLSCHAFT
DURCH DEN AKTIONÄR

VON

DR. IUR. GOTTFRIED WEISSBACH

LEIPZIG
VERLAG VON VEIT & COMP.
1911

Leipziger juristische Inauguraldissertation

Druck von Metzger & Wittig in Leipzig.

MEINEM LIEBEN OHEIM

UND EINSTMALIGEN VORMUND

HERRN LANDGERICHTSRAT THIEME

IN DRESDEN

IN DANKBARKEIT UND VEREHRUNG!

Inhalt.

Literaturverzeichnis.

ALEXANDER, Die Sonderrechte des Aktionärs. Berlin 1892.

BACHMANN, Die Sonderrechte des Aktionärs mit besonderer Rücksicht auf das deutsche und schweizerische Recht. Zürich 1902.

BAUER, Das Aktiengesetz in der Fassung des neuen Handelsgesetzbuchs. Leipzig 1899.

BAUER, Zeitschrift für Aktiengesellschaften und für Handelsgesellschaften. Leipzig.

BARON, Pandekten. 8. Aufl. Leipzig 1893.

BECKERS, Die Anfechtung von Generalversammlungsbeschlüssen in der Aktiengesellschaft. Borna-Leipzig 1909.

Begründung zum Reichsgesetze betreffend die Kommanditgesellschaften auf Aktien und Aktiengesellschaften vom 18. Juli 1884.

BEHREND, Lehrbuch des Handelsrechts. I. Band 1896.

Blätter für Rechtspflege im Bezirke des Kammergerichts.

Bericht der 18. Kommission über den Entwurf eines Handelsgesetzbuches. 9. Legislaturperiode.

BRINZ, Lehrbuch der Pandekten. 2. Aufl. Erlangen 1876.

BUSCH, Archiv für Theorie und Praxis des Allgemeinen Deutschen Handels- und Wechselrechts.

COSACK, Lehrbuch des Handelsrechts. 7. Aufl. Stuttgart 1909/10.

Denkschrift zum Entwurf eines Handelsgesetzbuches und eines Einführungsgesetzes bei HAHN-MUGDAN, Die gesammelten Materialien zu den Reichsjustizgesetzen. Berlin 1897.

Deutsche Juristenzeitung, begründet von LABAND, STENGLEIN und STAUB.

ESSER, Die Aktiengesellschaft nach den Vorschriften des Handelsgesetzbuchs für das Deutsche Reich. 5. Aufl.

FUCHSBERGER, Die Entscheidungen des deutschen Reichsoberhandelsgerichts und Reichsgerichts, sowie sämtlicher Oberlandesgerichte. Erster Teil: Das Handelsrecht. 3. Aufl. Gießen 1900.

GAREIS, Das deutsche Handelsrecht. 8. Aufl. 1909.

GAUPP-STEIN, Die Zivilprozeßordnung für das Deutsche Reich. 10. Aufl. 1910.

GIERKE, Deutsches Privatrecht. Leipzig, 1. Bd. 1895; bei BINDING, Systematisches Handbuch der deutschen Rechtswissenschaft.

GIERKE, Die Genossenschaftstheorie und die deutsche Rechtsprechung 1895; davon insbesondere S. 56ff., 245ff., 529ff.

GIERKE, Das deutsche Genossenschaftsrecht. Berlin 1868, 1873, 1884.

GOLDMANN, Kommentar zum Handelsgesetzbuch. Berlin 1905.

GOLDSCHMIDT, Handbuch des Handelsrechts. 1874. 2. Aufl.

GRUCHOT, Beiträge zur Erläuterung des deutschen Rechts.

HERGENHAHN, Berufung und Tätigkeit der Generalversammlung der Aktiengesellschaft. Berlin 1888.

HERGENHAHN, Der Vorstand der Aktiengesellschaft. Berlin 1903.

HÖLDER, Natürliche und juristische Personen. Leipzig 1905.

KEYSSNER-SIMON, Aktiengesellschaft und Kommanditgesellschaft auf Aktien. Berlin 1900.

LEHMANN, Lehrbuch des Handelsrechts. Leipzig 1905—1907.

LEHMANN, Das Recht der Aktiengesellschaften. Berlin. Bd. I 1898, Bd. II 1904.

LEHMANN und RING, Kommentar zum Handelsgesetzbuch für das Deutsche Reich. Berlin 1902.

MAKOWER, Kommentar zum Handelsgesetzbuche. Berlin 1906. 13. Aufl.

MERZBACHER, Aktiengesetz, Handelsgesetzbuch. II. Buch. 3. und 4. Abschnitt. 1901.

MUGDAN-FALKMANN, Die Rechtsprechung der Oberlandesgerichte.

PINNER, Das deutsche Aktienrecht, Kommentar zu Buch 2, Abschnitt 3, und 4 des Handelsgesetzbuchs. Berlin 1899.

REATZ, Die zweite Lesung des Entwurfs zum Bürgerlichen Gesetzbuch. Berlin 1896.

REGELSBERGER, Pandekten. Leipzig 1893.

REHM, Die Bilanzen der Aktiengesellschaften. München 1903.

RITTER, Das Handelsgesetzbuch mit Auschluß des Seerechts. Berlin 1910.

SIMON, Die Bilanzen der Aktiengesellschaften und Kommanditgesellschaften auf Aktien. Berlin 1898. 2. Aufl.

SOHM, Institutionen, Geschichte und System des Römischen Privatrechts. Leipzig. 13. Aufl. 1908.

SOHM, Die deutsche Genossenschaft. 1889.

STAMMLER, Recht der Schuldverhältnisse in seinen allgemeinen Lehren. Berlin 1897.

STAUB, Kommentar zum Handelsgesetzbuch. 8. Aufl. Berlin 1906.

STAUDINGER, Kommentar zum Bürgerlichen Gesetzbuch. 5./6. Aufl. Berlin 1910.

I. Einleitender Teil.

§ 1.

Einzelperson und Kollektivperson.

Mit der gewaltig fortschreitenden Entwicklung von Handel und Industrie hat sich die Überzeugung durchgerungen, daß der Einzelne für sich im Konkurrenzkampfe ohnmächtig ist, die Vereinigung der Einzelnen in der Korporation allein Erfolge zeitigen kann. Das Zeitalter des Einzelnen ist, wirtschaftlich betrachtet, abgelöst vom Zeitalter der Korporation. Die Gesetzgebung hat dieser Entwicklung gerecht werden müssen und die Beziehungen der Einzelnen zueinander und zu der zusammengeschlossenen Vielheit der Einzelnen je nach dem Zwecke der Vereinigung und je nach dem Vorherrschen persönlicher Werte oder finanzieller Beteiligung in festen Grundformen geregelt. An dem einen Ende dieser Gruppierung steht in der modernen deutschen Handelsgesetzgebung die offene Handelsgesellschaft. Bei ihr bildet die Persönlichkeit der Gesellschafter den Grundton des Akkordes. Sie ist der Gesellschaft so wesentlich, daß, falls nicht im Gesellschaftsvertrage ein anderes bestimmt ist, die ganze offene Handelsgesellschaft mit dem Tode eines Gesellschafters aufgelöst wird. Das andere Ende wird von der Aktiengesellschaft gekennzeichnet. Hier bedeutet das Individuum nichts. Sie ist eine reine Kapitalgesellschaft. Diese Gesellschaftsform gewinnt auf wirtschaftlichem Gebiete immer größeren Boden. Das Kapital arbeitet am intensivsten in ihr. Die persönliche Gefahr für den Gesellschafter ist in ihr am geringsten. So hat demgemäß mit dem Wachsen ihrer wirtschaftlichen Bedeutung auch die Gesetzgebung und die juristische Wissenschaft ihr von Jahr zu Jahr mehr Interesse entgegengebracht.

§ 2.

Die Aktiengesellschaft.

Das deutsche Handelsgesetzbuch vom 10. Mai 1897 hat die Rechtsverhältnisse der Aktiengesellschaft in 142 Paragraphen geregelt. Doch noch immer herrscht Streit über wichtige Fragen des Aktienrechts. Eine eigentliche Definition wie bei der offenen Handelsgesellschaft gibt das Handelsgesetzbuch bei der Aktiengesellschaft nicht. § 178 HGB. besagt nur, daß die sämtlichen Gesellschafter der Aktiengesellschaft mit Einlagen auf das in Aktien zerlegte Grundkapital der Gesellschaft beteiligt sind, ohne persönlich für deren Verbindlichkeiten zu haften. Einer Wesensbestimmung enthält es sich aber, ja es führt durch den wiederholten Gebrauch des Wortes „Gesellschaft" nur irre. Sie ist im Grunde überhaupt keine Gesellschaft. Der Streit um ihre juristische Natur ist in der Literatur seit ihrer gesetzlichen Regelung durch das Gesetz, betreffend die Kommanditgesellschaften auf Aktien und die Aktiengesellschaften vom 18. Juli 1884, in der Hauptsache beendet. Um nach ihrer jetzigen gesetzlichen Gestaltung zu ihrer Begriffsbestimmung zu kommen, müssen wir das ihr Wesentliche zu analysieren versuchen. Nach § 210 HGB. hat die Aktiengesellschaft als solche selbständig ihre Rechte und Pflichten, kann sie Eigentum und andere dingliche Rechte an Grundstücken erwerben, klagen und verklagt werden. Sie hat gemäß §§ 231 ff. einen Vorstand, gemäß §§ 243 ff. einen Aufsichtsrat, und gemäß §§ 250 ff. eine Generalversammlung. In dieser Generalversammlung machen gemäß § 250 die Aktionäre ihre Rechte geltend. Die Aktionäre sind gemäß § 178 mit Einlagen an der Gesellschaft beteiligt. Aus diesen gesetzlichen Begriffsmerkmalen ergibt sich zunächst, daß die Aktiengesellschaft ein rechtlich organisierter und als Einheit rechtsfähiger menschlicher Verband, also, nach der Definition STAUDINGERS[1], eine juristische Person ist. Die juristische Persönlichkeit wird ihr aber auch weder von der Rechtsprechung, noch von der Theorie

[1] STAUDINGER a. a. O. S. 126 Anm. 2.

mehr bestritten,[1] so daß diese Festellung für die nachfolgenden Erörterungen genügen kann. Nun scheidet das Bürgerliche Gesetzbuch, das hier in Ermangelung handelsrechtlicher Normen gemäß Artikel 2 des Einführungsgesetzes zum Handelsgesetzbuche Platz greift, die juristischen Personen in Vereine und Stiftungen. Die Stiftungen als einseitige Rechtsgeschäfte kommen ihrem Begriffe gemäß nicht in Betracht. Somit ist die Aktiengesellschaft ein Verein und zwar, da er seine Rechtsfähigkeit nicht durch Eintragung ins Vereinsregister gemäß § 21 BGB. und auch nicht durch staatliche Verleihung, sondern nach den besonderen Vorschriften des Handelsgesetzbuchs erwirbt, gemäß § 22 BGB. ein Verein, dessen Zweck auf einen wirtschaftlichen Geschäftsbetrieb gerichtet ist. Danach kann man die Aktiengesellschaft definieren als einen auf die Verfolgung wirtschaftlicher Zwecke gerichteten Verein mit einem in gleiche Teile zerlegten Grundkapital, bei dem die Mitgliedschaft auf einer durch die Anzahl dieser — „Aktien“ genannten — Teile bestimmten Kapitaleinlage beruht.

§ 3.

Die Stellung des Aktionärs in der Aktiengesellschaft.

Die Aktiengesellschaft hat nun drei Organe:

1. den Vorstand,
2. den Aufsichtsrat,
3. die Generalversammlung.

Dem Vorstand steht hauptsächlich die Geschäftsführung und die gesetzliche Vertretung der Gesellschaft nach außen zu. § 231 HGB. Der Aufsichtsrat ist hauptsächlich Kontrollorgan gegenüber dem Vorstand (§ 246 HGB.), in einzelnen Fällen auch geschäftsführungs- und vertretungsberechtigt. Das oberste, beschließende Organ, der eigentliche Herrscher der Aktiengesellschaft, ist die Generalversammlung, wenn auch ihre Befugnisse nicht unbegrenzt, sondern genau durch Gesetz und Gesellschaftsvertrag bestimmt sind. Eine Definition der Generalversammlung

[1] Lehmann, Aktienrecht Bd. I a. a. O. S. 227ff.; Gierke, Genossenschaftstheorie a. a. O. S. 38ff.

gibt das Gesetz nicht. § 250 HGB. bestimmt nur, daß die Rechte, die den Aktionären in den Angelegenheiten der Gesellschaft zustehen, durch Beschlußfassung in der Generalversammlung geltend zu machen sind, und die §§ 251 ff. HGB. stellen gewisse notwendige Erfordernisse für die Einberufung und die Leitung der Generalversammlung auf. Eine andere gesetzliche Möglichkeit, auf die Geschäftsführung der Aktiengesellschaft einzuwirken, besteht für die Aktionäre nicht. Man kann daher mit LEHMANN[1] die Generalversammlung als das ordnungsgemäß einberufene und nach den gesetzlichen und statutarischen Vorschriften tagende Organ der Aktiengesellschaft, welches den Gesamtwillen der Aktionäre unmittelbar darstellt, ansehen. Mit der Anteilnahme an der Beschlußfassung in der Generalversammlung erschöpft sich aber auch das Recht des Aktionärs auf Beteiligung an der Leitung der Gesellschaft. Wird er überstimmt, so wirkt jeder ihm noch so nachteilige Beschluß Rechtens. Doch kann dies nur gelten, wenn sich die Generalversammlung innerhalb der Grenzen von Gesetz und Gesellschaftsvertrag hält. Verletzt er zwingendes materielles Recht oder Rechte Dritter, so kann er unmöglich entgegen dem zwingenden Rechte neues Recht bilden. Ein solchermaßen gefaßter Beschluß ist nichtig. In unserem gegenwärtigen Rechtsstaate braucht weder ein Aktionär eine Verletzung zwingender Normen noch ein betroffener Dritter die unberechtigte Störung seiner Rechte gegen sich gelten zu lassen.[2] Nichtig sind ferner begriffsgemäß alle Beschlüsse, die eine Generalversammlung außerhalb der Grenzen ihrer Kompetenz faßt. Wie aber steht es, wenn der Generalversammlungsbeschluß nichtzwingendes Recht oder Sonderrecht[3] verletzt? Dann ist er an

---

[1] LEHMANN, Aktienrecht Bd. II a. a. O. S. 153.

[2] LEHMANN, Aktienrecht Bd. II S. 211; RG. Bd. 3 S. 129; Denkschrift S. 153 bei HAHN a. a. O. S. 317.

[3] In der Literatur wird hierbei häufig (BEHREND a. a. O. § 123 a. E.) der Unterschied zwischen verzichtbarem Sonderrecht und unverzichtbarem Sonderrecht gemacht. Dies kann aber meiner Meinung nach nicht aufrecht erhalten werden. Unter Sonderrecht versteht man in Anlehnung an RG. Bd. 11 S. 271 ein aus der Mitgliedschaft hervorgegangenes von den Rechten der übrigen Mitglieder unterschiedenes Individualrecht des Mitglieds gegen die Gesellschaft als solche. Es steht dem Aktionär zu auf Grund des

sich nicht nichtig. Für diesen Fall gewähren aber die §§ 271 bis 273 dem Aktionär ein eigentümliches Rechtsschutzmittel, das Recht der Anfechtung. Dieses wichtige Sonderrecht der Aktionäre, dieser einzige Schutz des schwachen Einzelgliedes gegen den starken Gesamtorganismus soll in nachstehendem näher betrachtet werden. Das Gesetz bestimmt:

§ 271: Ein Beschluß der Generalversammlung kann wegen Verletzung des Gesetzes oder des Gesellschaftsvertrages im Wege der Klage angefochten werden. Die Klage muß binnen einem Monat erhoben werden. Zur Anfechtung befugt ist jeder in der Generalversammlung erschienene Aktionär, sofern er gegen den Beschluß Widerspruch zum Protokoll erklärt hat, und jeder nicht erschienene Aktionär, sofern er zu der Generalversammlung un-

---

Statuts oder eines späteren Generalversammlungsbeschlusses und kann gemäß § 35 BGB., der hier in Ermangelung besonderer aktienrechtlicher Vorschriften Anwendung zu finden hat, nur mit Zustimmung des Sonderberechtigten beeinträchtigt werden. Dieser § 35 BGB. ist eine zwingende Vorschrift zu Gunsten des Sonderberechtigten. Wird nun ein Sonderrecht mit Zustimmung des Berechtigten beeinträchtigt, so hat der Beschluß Gültigkeit. Jedes Recht kann begriffsgemäß durch den freien Willen des Berechtigten aufgegeben werden. Unverzichtbares Sonderrecht gibt es nicht. Dabei ist es gleichgültig, ob man mit den Protokollen S. 530 den Begriff des Sonderrechts als Sonderrechtsstellung auffaßt und darunter auch die Sonderverpflichtung faßt, denn, insoweit eine solche vorliegt, ist die Aktiengesellschaft die Berechtigte, die ihr Recht eben durch den fraglichen Generalversammlungsbeschluß aufgegeben hat. Wird das Sonderrecht aber ohne die geforderte Zustimmung beeinträchtigt, so ist der es beeinträchtigende Generalversammlungsbeschluß nicht ohne weiteres nichtig. Er wird durch eine nachträglich gemäß § 184 BGB. erteilte Zustimmung unbedingt gültig. Danach würde jeder ein Sonderrecht beeinträchtigende Generalversammlungsbeschluß, der ohne die vorherige Zustimmung des Berechtigten gefaßt ist, dauernd in der Schwebe hängen können. Dieser Zustand ist genau so unhaltbar wie bei Generalversammlungsbeschlüssen, die unter Verletzung von Gesetz und Gesellschaftsvertrag entstanden sind. Man muß daher hier wie dort die Anfechtung der §§ 271—273 HGB. als ausschließlichen Rechtsbehelf zulassen. Unbedingt nichtig sind allerdings Generalversammlungsbeschlüsse, die Sonderrechte verletzen, ohne daß dem Berechtigten überhaupt die Möglichkeit gewährt worden ist, seine Zustimmung oder Abneigung zu äußern. Das hat aber mit der Unterscheidung zwischen verzichtbarem und unverzichtbarem Sonderrechte nichts zu tun.

berechtigterweise nicht zugelassen worden ist oder sofern er die Anfechtung darauf gründet, daß die Berufung der Versammlung oder die Ankündigung des Gegenstandes der Beschlußfassung nicht gehörig erfolgt sei. Eine Anfechtung, die darauf gegründet wird, daß durch den Beschluß Abschreibungen oder Rücklagen über das nach dem Gesetz oder nach dem Gesellschaftsvertrage statthafte Maß hinaus angeordnet seien, ist nur zulässig, wenn die Anteile des Aktionärs oder der Aktionäre, welche die Anfechtungsklage erheben, den zwanzigsten Teil des Grundkapitals erreichen.

§ 272: Die Klage ist gegen die Gesellschaft zu richten. Die Gesellschaft wird durch den Vorstand und durch den Aufsichtsrat vertreten. Zuständig für die Klage ist ausschließlich das Landgericht, in dessen Bezirke die Gesellschaft ihren Sitz hat. Die mündliche Verhandlung erfolgt nicht vor dem Ablaufe der im § 271 Abs. 2 bezeichneten Frist. Mehrere Anfechtungsprozesse sind zur gleichzeitigen Verhandlung und Entscheidung zu verbinden. Das Gericht kann auf Verlangen anordnen, daß der Gesellschaft wegen der ihr drohenden Nachteile von dem klagenden Aktionär Sicherheit zu leisten ist. Art und Höhe der Sicherheit bestimmt das Gericht nach freiem Ermessen. Die Vorschriften der Zivilprozeßordnung über die Festsetzung einer Frist zur Sicherheitsleistung und über die Folgen der Versäumung der Frist finden Anwendung. Die Erhebung der Klage und der Termin zur mündlichen Verhandlung sind unverzüglich von dem Vorstand in den Gesellschaftsblättern bekannt zu machen.

§ 273: Soweit der Beschluß durch rechtskräftiges Urteil für nichtig erklärt ist, wirkt das Urteil auch für und gegen die Aktionäre, die nicht Partei sind. Das Urteil ist von dem Vorstande unverzüglich zum Handelsregister einzureichen. War der Beschluß in das Handelsregister eingetragen, so ist auch das Urteil einzutragen; die Eintragung des Urteils ist in gleicher Weise wie die des Beschlusses zu veröffentlichen. Für einen durch unbegründete Anfechtung des Beschlusses der Gesellschaft entstehenden Schaden haften ihr die Kläger, welchen eine bösliche Handlungsweise zur Last fällt, als Gesamtschuldner.

Danach soll der erste Hauptteil die Voraussetzungen, der zweite Hauptteil die Durchführung, und der dritte Hauptteil die Folgen der Anfechtung behandeln.

II. Erster Hauptteil.

Die Voraussetzungen des Anfechtungsrechts.

A. Im Allgemeinen.

§ 4.

Anfechtungsgegenstand ist ein Generalversammlungsbeschluß.

a) α) Der Begriff der „Generalversammlung" ist im vorhergehenden Paragraphen bestimmt worden. Inwieweit Verstöße, die bei der Einberufung oder dem Zusammentreten derselben mit der Anfechtungsklage nach §§ 271 ff. HGB. geltend gemacht werden können, ist Tatfrage und hängt von der Schwere dieser Verstöße ab. Dabei wird im allgemeinen für den Begriff der Generalversammlung im Sinne der §§ 271 ff. HGB. eine vorherige, an die Gesamtheit der Aktionäre gerichtete und bei Anwendung gehöriger Sorgfalt von jedem erkennbare Aufforderung, sich zu bestimmter Zeit und an einem bestimmten Orte einzufinden,[1] genügen, will man nicht auf eine ungesunde, den praktischen Bedürfnissen des Aktionärschutzes nicht entsprechende Einschränkung des Anfechtungsrechtes zukommen. Waren dagegen die Verstöße so erheblich, daß die Versammlung nicht einmal mehr unter diesen allgemeineren Begriff einer Generalversammlung fällt, so können sie nur mit den gewöhnlichen Rechtsmitteln, etwa mittels einfacher Einrede, nicht aber mit der Anfechtungsklage der §§ 271 ff. HGB. gerügt werden.[2]

β) Es ist nun fraglich, ob eine in der ordnungsgemäßen Generalversammlung stattfindende Beratung der Sondergattungsaktionäre auch unter den weiteren Begriff der Generalversamm-

---

[1] Lehmann, Aktienrecht Bd. II S. 215.
[2] Makower a. a. O. S. 731 Anm. 2.

lung im allgemeinen im Sinne der §§ 271 ff. HGB. fällt. Dies ist mit der herrschenden Meinung zu bejahen. Die Begriffsmerkmale der Generalversammlung liegen auch hier vor mit der aus der Natur der Sondergattung sich ergebenden Einschränkung der Zahl der Teilnehmer, und auch die Teilnehmer dieser Sondergattung haben ein Recht auf gesetz- und statutenmäßige Verwaltung, als dessen Ausfluß das Anfechtungsrecht zu betrachten ist.

b) α) Auch für den Begriff des „Beschlusses" fehlt es im Handelsgesetzbuch an einer Definition. Man wird darunter die nach den Regeln des Gesetzes und des Gesellschaftsvertrages bewirkte Feststellung des Willens der Generalversammlung verstehen. Auch hier ist es wieder nach dem einzelnen Falle zu beurteilen, ob dabei vorgekommene Fehler nach §§ 271 ff. HGB. angefochten werden können. War das Verfahren bei der Feststellung dieses Willens so regellos, daß es ihr den Charakter des „Beschlusses" raubt, so hat die Anfechtungsklage keine Statt. Es greifen dann nur die gewöhnlichen Rechtsmittel Platz.

β) Nicht unter den Begriff des „Beschlusses" fällt ein Minderheitsverlangen,[2] denn dieses drückt einmal nicht den vom Majoritätsprinzip getragenen Willen der Generalversammlung aus, selbst wenn es in einer solchen statutengemäß gestellt werden muß, und entbehrt andrerseits der für einen Beschluß vorgeschriebenen Form.

γ) Die früher strittige Frage, ob eine Wahl als ein Beschluß anzusehen sei, hat das Handelsgesetzbuch implicite durch § 251 bejahend entschieden, indem es in ein und demselben Paragraphen für die Beschlüsse im allgemeinen feste Bestimmungen über die Mehrheitsverhältnisse trifft, für die Wahlen insbesondere aber freie Hand läßt.[3]

δ) Die Frage, ob auch auf Beschlüsse von Generalversammlungen, die vor der Eintragung der Gesellschaft ins Handels-

---

[1] Alexander S. 107.

[2] Makower a. a. O. S. 731 Anm. II.

[3] Denkschrift S. 144 bei Hahn a. a. O. S. 309 f.; RG. bei Bolze Bd. 12 S. 288 Nr. 510.

register stattgefunden haben, die Vorschriften der §§ 271 ff. in Verfolgung des § 197 HGB. Anwendung finden, kann hier unerörtert bleiben, da es sich in vorliegender Abhandlung nur um reale Aktiengesellschaften handelt, nach § 200 HGB. aber eine Aktiengesellschaft vor der Eintragung in das Handelsregister des Sitzes der Gesellschaft als solche nicht besteht.

ε) Strittig ist schließlich die Frage, ob die Ablehnung eines Antrags unter den Begriff des Beschlusses gemäß §§ 271 ff. HGB. zu fassen ist. Man wird sie verneinen müssen. § 251 HGB. besagt: „Die Beschlüsse der Generalversammlung bedürfen der Mehrheit der abgegebenen Stimmen — einfache Stimmenmehrheit — soweit nicht durch das Gesetz und den Gesellschaftsvertrag eine größere Mehrheit oder sonstige Erfordernisse vorgeschrieben sind." Erreicht daher ein Antrag nicht die vorgeschriebene Mehrheit, so kommt ein Beschluß nicht zustande. Es liegt dann nur eine rechtlich unerhebliche Feststellung vor, daß die Versammlung zurzeit nicht geneigt ist, den Antrag anzunehmen. Der Aktionär, der den Antrag gestellt hat, ist ebensowenig wie irgend ein anderer gehindert, den Antrag jederzeit wieder zu stellen, wenn er glaubt, daß jetzt die erforderliche Mehrheit hinter ihm stehe.

§ 5.

Anfechtungsgrund ist eine Verletzung des Gesetzes oder des Gesellschaftsvertrages.

a) α) Das Handelsgesetzbuch gibt weder für den Begriff des Gesetzes noch für den des Gesellschaftsvertrages eine Bestimmung. Der Artikel 2 des EG. zum BGB. versteht unter „Gesetz" jedwede Rechtsnorm, gleichgültig, ob es geschriebenes Recht oder Gewohnheitsrecht, Reichs- oder Landesrecht, materielles oder formelles Recht sei.[1] Gewohnheitsrecht insbesondere wird vielfach bei Fragen der Geschäftsordnung zur Anwendung zu kommen haben, da über die Leitung der Generalversammlung, das Verfahren bei der Abstimmung und der Erteilung des Wortes im Gesetz und meist auch im Gesellschaftsvertrage Vorschriften

---

[1] Esser S. 197.

nicht enthalten sind. Verstöße gegen die Geschäftsordnung sind aber allenthalben als Anfechtungsgründe anerkannt. Hierauf wird man auch die Anfechtungsberechtigung gründen, wenn die Redezeit unzulässig verkürzt war.[1]

β) In der Literatur hat nun Streit darüber geherrscht, ob auf Grund einzelnen Körperschaften oder Personenkreisen zustehender Autonomie gebildete Rechtssätze „Gesetz" im Sinne des Artikels 2 des EG. zum BGB. bedeute, und wem solche Autonomie zuzugestehen sei. Für die Aktiengesellschaft sind beide Fragen zu verneinen. *Αὐτονομία*-Selbstgesetzgebungsrecht ist die Fähigkeit, objektive Rechtssätze aufzustellen, die dem Staatsgesetze gleich bindende Gewalt auch gegenüber denjenigen Personen haben, welche das Statut nicht durch eigene Willenserklärung geschaffen, noch sich ihm unterworfen haben.[2] Nun gibt der § 271 die Anfechtungsklage für Verletzungen des Gesetzes oder des Gesellschaftsvertrages. Er stellt also den „Gesellschaftsvertrag" dem „Gesetz" gegenüber. Würde aber der Gesellschaftsvertrag auf Grund autonomer Satzung entstanden und eine autonome Satzung „Gesetz" sein, so hätte diese Gegenüberstellung keinen ersichtlichen Wert. Der Gesellschaftsvertrag scheidet also für die Beurteilung der Frage, ob der Aktiengesellschaft Autonomie zuzugestehen sei, aus. Weiterhin besitzt nun die Aktiengesellschaft die Fähigkeit, durch in der Generalversammlung ergehende Beschlüsse „in den Angelegenheiten der Gesellschaft, insbesondere in bezug auf die Geschäftsführung" die Aktionäre rechtsverbindlich zu verpflichten. Für die vorliegende Abhandlung engt sich also die Frage der Autonomie zu dem Satze ein: „Ist diese Fähigkeit Autonomie zu nennen?" Dies ist zu verneinen. Wohl bejahen die Motive von 1888[3] diese Frage, ohne aber dafür eine Begründung zu geben. Die tatsächliche gesetzliche Regelung ist aber anders verlaufen. Sowohl Reatz[4] wie Mugdan[5] zählen unter den Begriff Gesetz

---

[1] RG. Bd. 36 S. 26.

[2] Bachmann S. 56.

[3] Motive von 1888 a. a. O. § 43 S. 93.

[4] Reatz, Zweite Lesung a. a. O. S. 2.

[5] Mugdan, Materialien S. 21.

nur die positive Gesetzgebung der Staatsgewalt, die Staatsverträge und das Gewohnheitsrecht, übergehen aber die Frage, ob Körperschaften durch autonome Satzung „Gesetz" bilden können, völlig. Auch das Handelsgesetzbuch scheint, wie aus der Gegenüberstellung von „Gesetz" und „Gesellschaftsvertrag" hervorgeht, einen ablehnenden Standpunkt einzunehmen. In der Literatur finden sich schließlich ebenfalls nur wenige Verfechter der Autonomie wie REGELSBERGER[1] und, was für die vorliegende verengte Frage weniger ins Gewicht fällt, ganz im allgemeinen auch BRINZ[2] und BARON[3] unter Hinweis auf l. 4 Dig. de collegiis 47, 22,[4] ohne aber weiter auf diese Digestenstelle und ihre Geltung im modernen Rechte einzugehen. Dem stehen aber unter vielen anderen besonders GIERKE,[5] BEHREND,[6] BACHMANN[7] und sehr überzeugend LEHMANN und HÖLDER gegenüber. Nach LEHMANN[8] erscheint nicht einmal das Statut als echte autonome Satzung, „wolle man dem Begriff der Autonomie nicht jeden realen Inhalt nehmen, sondern diese 'Privatautonomie' ist nur die nach innen gewandte Seite der nach außen als Geschäfts- oder Handlungsfähigheit auftretende Fähigkeit, mit Dritten Rechtsgeschäfte einzugehen." HÖLDER[9] zitiert ebenfalls die Digestenstelle, stellt sie aber der lex publica gegenüber und bezeichnet die innerhalb der durch jene gezogenen Grenze zu Recht bestehende pactio als eine private Vereinbarung, lediglich als die Fähigkeit, rechtsgeschäftliche Bestimmungen zu treffen, als sogenannte Privatautonomie. In der Tat erscheint diese von Gesetz und Statut eng begrenzte Privatautonomie nur als eine rechtsgeschäftliche

---

[1] REGELSBERGER, Pandekten Bd. 1 a. a. O. § 24 S. 106.

[2] BRINZ, Pandekten a. a. O. § 27 S. 116.

[3] BARON, Pandekten a. a. O. § 33 S. 66.

[4] l. 4 Dig. de collegiis 47, 22: sodales sunt, qui eiusdem collegii sunt, quam Graeci ἑταιρίαν vocant. His autem potestatem facit lex, pactionem, quam velint, sibi ferre, dum ne quid ex publica lege corrumpant.

[5] GIERKE, Deutsches Privatrecht, bei BINDING a. a. O. S. 151 Anm. 40.

[6] BEHREND, Das deutsche Privatrecht a. a. O. § 11 S. 571.

[7] BACHMANN a. a. O. III. Kap. 3 S. 56.

[8] LEHMANN, Aktienrecht II S. 13.

[9] HÖLDER a. a. O. S. 271.

Privatverfügungsgewalt und nicht als eine Schaffung gewillkürter objektiver Rechtsnormen, die auch Geltung gegen Dritte haben. Jedenfalls kann dieser „Privatautonomie“ nicht die Möglichkeit zuerkannt werden, „Gesetz“ im Sinne des Art. 2 des EG. zum BGB. zu schaffen. Danach kann, da die Aktiengesellschaft die Befugnis, ihre Angelegenheiten zu ordnen, in der Generalversammlung ausübt, die Generalversammlungsbeschlüsse also allein bei der Frage der autonomen Satzung in Betracht kommen können, die Anfechtung der §§ 271 ff. HGB. nicht eingreifen, wenn ein Generalversammlungsbeschluß, unter Verletzung eines früheren Generalversammlungsbeschlusses, der nicht unter den Begriff des Gesellschaftsvertrages fällt, zustande gekommen ist. Jeder Generalversammlungsbeschluß kann durch einen neuen Generalversammlungsbeschluß aufgehoben werden und, insoweit neue Generalversammlungsbeschlüsse gefaßt werden, die sich zu früher gefaßten in direkten Gegensatz setzen, ohne diese besonders aufzuheben, so ist von Fall zu Fall zu entscheiden, inwieweit der alte Generalversammlungsbeschluß implicite durch den neuen Generalversammlungsbeschluß ipso iure als aufgehoben zu gelten hat. Eine Grundlage zu einer Anfechtung gemäß §§ 271 ff. HGB. bietet jedenfalls die Verletzung eines Generalversammlungsbeschlusses nicht.

γ) Die Frage, ob auch ein Generalversammlungsbeschluß, der auf der Verletzung einer Verkehrssitte beruht, mit der Klage der §§ 271 ff. HGB. angefochten werden kann, ist zu verneinen. Die Verkehrssitte gibt zwar für die Auslegung von Verträgen gemäß §§ 157, 242 BGB. eine moralische Richtschnur, aber sie ist nicht Rechtssitte, wie das Gewohnheitsrecht, das die in der tatsächlichen und langdauernden Übung zum Ausdruck gebrachte allgemeine Überzeugung von dem Vorhandensein eines Rechtssatzes darstellt. Es fehlt ihr das Erfordernis der Rechtsnotwendigkeit. Sie ist nicht Rechtsnorm, nicht Gesetz. Solange daher eine Verkehrssitte sich noch nicht zur Rechtssitte verdichtet hat, kann sie auch keine geeignete Grundlage für die Anfechtung der §§ 271 ff. HGB. bilden. Ob ein bestimmter Handelsbrauch bereits den Entwicklungsgang von der Verkehrssitte zur Rechtssitte vollendet hat, und daher seine Verletzung mit der Klage der §§ 271ff. HGB. angefochten werden kann, wird oft Tatfrage sein.[1]

b) Der Gesellschaftsvertrag ist nach LEHMANN[2] die Gesamtheit der die Gestaltung der Aktiengesellschaft regelnden Vereinssatzungen, gleichgültig, ob sie wesentliche oder nichtwesentliche Punkte betreffen und, ob sie von Anfang an oder nachträglich ergehen. Er ist also nicht ein Vertrag zwischen den Aktionären, um ihre Stellung gegeneinander und ihre Verbindlichkeiten gegenüber der Gesellschaft zu regeln, worauf der Wortlaut irreführend hindeutet, sondern ein auf die Erzeugung und Gestaltung einer Aktiengesellschaft gerichteter Gesamtakt. Darin findet er auch seine Begrenzung. Danach gehören spätere Generalversammlungsbeschlüsse, die auf diesen Willensakt hinauslaufen, zum Gesellschaftsvertrage und unterliegen im Falle ihrer Verletzung der Anfechtung der §§ 271 HGB., während Beschlüsse, die nicht diese Bestimmung haben, nicht der Anfechtung unterliegen. Ihre Verletzung kann nur mit gewöhnlichen Rechtsmitteln gerügt werden. Gegebenen Falles wird auch in ihrer Verletzung eine gewollte Aufhebung des Beschlusses gesehen werden können. Im Einzelnen sind die Grenzlinien der Zugehörigkeit zum Gesellschaftsvertrage strittig, und man wird gemäß § 346 HGB. bei der Auslegung desselben die im Handelsverkehre geltenden Gewohnheiten und Gebräuche berücksichtigen müssen.[3]

c) Ob auch bei Verletzung von Sollvorschriften, die sich im Gesetze oder Gesellschaftsvertrage finden, die Anfechtungsklage gegeben ist, ist oft zweifelhaft. Es wird hier darauf ankommen, ob diese Vorschriften reine Ordnungsvorschriften sind oder solche, auf deren Einhaltung der Aktionär ein begründetes Recht hat, deren Nichteinhaltung ihm nachteilig sein würde. Dies wird im Einzelfalle verschieden beurteilt werden können.

d) Da für die Anfechtungsklage der §§ 271ff. HGB. eine Verletzung des Gesetzes oder des Gesellschaftsvertrages erforderlich, aber auch genügend ist, ist es einerseits gleichgültig, ob der Aktionär oder die Gesellschaft durch den Beschluß geschädigt ist.

---

[1] STAUB a. a. O. Allgemeine Einleitung Anm. 23ff. S. 8ff.

[2] LEHMANN, Aktienrecht Bd. II a. a. O. S. 3.

[3] MERZBACHER a. a. O. S. 222.

Ein noch so wirtschaftlich nachteiliger Beschluß kann nicht angefochten werden, wenn er unter Beachtung von Gesetz und Gesellschaftsvertrag ergangen ist. Andrerseits unterliegt ein noch so ökonomisch allenthalben vorteilhafter oder sogar sittlich und sozial gebotener Beschluß der Anfechtung, wenn er Gesetz oder Gesellschaftsvertrag verletzt.[1]

e) Ob zwingendes oder nur nachgiebiges Recht verletzt ist, wird im allgemeinen gleichgültig sein und spielt nur für den hier nicht näher zu erörternden Fall der Nichtanfechtung eine Rolle. In beiden Fällen ist eine Anfechtungsklage gegeben, wenn die Verletzung für den Beschluß kausal war. Wäre offenbar der Beschluß auch zustande gekommen, wenn die geringfügige Außerachtlassung gewisser Vorschriften nicht geschehen wäre, so würde die Ausübung des Rechtes der Anfechtung Schikane im Sinne des § 226 BGB. bedeuten, und die Klage des trotzdem klagenden Aktionärs wäre aus diesem Gesichtspunkte abzuweisen.[2] Allerdings wird die Beweislast dafür, daß die Gesetzesverletzung tatsächlich ohne Einfluß auf das Zustandekommen des Beschlusses gewesen sei, der beklagten Aktiengesellschaft zufallen.

§ 6.

Anfechtungsberechtigt ist der erschienene Aktionär, der gegen den Beschluß Widerspruch zu Protokoll erklärt hat.

a) Der Anfechtende muß „Aktionär“ sein, und zwar sowohl zur Zeit der Beschlußfassung, denn sonst hat nicht ein „Aktionär“ seinen Widerspruch erklärt, als auch zur Zeit der Klageerhebung bis zum Urteil, denn stets nur der „Aktionär“ ist zur Erhebung und Durchführung der Anfechtungsklage berechtigt, der die im Gesetz besonders bezeichneten Erfordernisse erfüllt hat.[3] Aktionär

[1] Annalen a. a. O. Bd. 3 Nr. 75 S. 291f.; RG. Bd. 40 S. 35.

[2] RG. bei Bolze Bd. 17 S. 300 Nr. 531; RG. in JW. Jahrgang 1894 S. 20 Nr. 51.

[3] Denkschrift bei Hahn-Mugdan S. 316: „Selbstverständlich hat nötigen Falles der Kläger seine Legitimation zur Führung des Rechtsstreits darzutun, also nachzuweisen, daß er fortdauernd Aktionär ist.“ Esser a. a. O. S. 197.

ist jeder Anteilsberechtigte einer Aktiengesellschaft. Aktionär ist daher auch nicht der Treuhänder. Er ist nicht anteilsberechtigt und also auch nicht zur Anfechtungsklageerhebung befugt. Dem steht nicht entgegen, daß zum Nachweise der Berechtigung bei Inhaberaktien Besitz der Aktie und bei Namensaktien Eintragung im Aktienbuche der Aktiengesellschaft gegenüber genügt. Denn damit, daß der Aktiengesellschaft dieser Nachweis genügt, ist noch nicht gesagt, daß das Eigentum, das allein Anteilsberechtigung gewährt, auch wirklich auf den neuen Inhaber übergegangen ist. Geht aber der Wille des Übertragenden dahin, daß nur die Berechtigung zur Ausübung seiner Rechte übertragen werden soll, während das Eigentum an der Aktie, das wahre Anteilsrecht, bei ihm bleiben soll, so hat eben eine Übertragung des Anteilsrechts, auf die es allein ankommt, nicht stattgefunden. Danach hat die beklagte Aktiengesellschaft zwar, da der „Treuhänder" ihr gegenüber genügend legitimiert ist, sie also wegen Nichtbeachtung seiner fehlenden Aktionäreigenschaft nicht belangt werden kann, nicht die Pflicht, wohl aber das Recht, ihm entgegenzuhalten, daß er zur Anfechtung nicht berechtigt sei.[1] Der Gedanke, daß der Schuldner dem Gläubiger solche Einwendungen entgegensetzen kann, die ihm unmittelbar gegen denselben zustehen, ist übrigens in der modernen Gesetzgebung schon für Inhaberschuldverschreibungen (§ 796 BGB.) und Anweisungen (§ 784 BGB.) fixiert, und man wird ihn daher, da er auf ein bestimmtes einheitliches Rechtsprinzip zurückgeht, auch hier anwenden können. Es besteht aber auch kein Bedürfnis dafür, dem Treuhänder das selbständige Anfechtungsrecht zu verleihen, da durch eine Vollmachtserteilung derselbe Zweck erreicht, nämlich die Möglichkeit verschafft wird, daß ein am Selbsterscheinen verhinderter Aktionär seine Rechte wahrnehmen kann. Andrerseits hat das Gesetz kein Interesse daran, Scheingeschäfte, die sehr leicht zu einer Umgehung der Gesetze ausgenutzt werden können, zu begünstigen, würde es doch beispiels-

---

[1] So auch Stammler a. a. O. § 53 S. 193—197. Dagegen die herrschende Meinung z. B. RG. Bd. 10 S. 82, Bd. 30 S. 51; Staub a. a. O. S. 753ff.; Makower a. a. O. S. 627.

weise einem Aktionär mit einer die gesetzlich zulässige Stimmenzahl übersteigenden Anzahl von Aktien möglich sein, einen Teil dieser Aktien einem Strohmann zu übertragen, der dann im Sinne seines Auftraggebers zu stimmen hätte.[1]

b) Der Aktionär muß auch in der Generalversammlung, deren Beschluß er anficht, erschienen sein. Als erschienen muß auch der Aktionär gelten, der sich hat vertreten lassen. Das folgt schon aus dem Wesen der Vertretung. Zur Vertretung ist laut positiver gesetzlicher Vorschrift gemäß § 252 Abs. 2 HGB. schriftliche Vollmacht erforderlich. Wer nur im mündlichen Auftrage ohne schriftliche Vollmacht erscheint, kann nicht als Vertreter gelten. Ein solchermaßen vertretener Aktionär gilt als nicht erschienen. Der Mangel des Erfordernisses der Schriftlichkeit kann auch nicht mehr dadurch geheilt werden, daß gemäß § 177 BGB. etwa der Vertretene nachträglich das für ihn Verhandelte genehmigt. Ein Geschäftsunfähiger wird ohne die schriftliche Vollmacht durch seinen gesetzlichen Vertreter vertreten.

c) Der Aktionär muß widersprochen haben. Er verliert daher sein Recht, wenn er für den Beschluß stimmt oder ihn später ausdrücklich anerkennt. Auch die bloße Stimmenenthaltung genügt nicht. Der Widerspruch muß erkennbar geäußert sein. Eines bestimmten Wortlautes bedarf er nicht.

d) Der Widerspruch muß sich gegen den Beschluß richten. Was unter Beschluß zu verstehen ist, ist aus § 4 dieser Abhandlung zu ersehen. Ob der Widerspruch schon bei Stellung des Antrages erklärt wird oder nach Bekanntgabe des Abstimmungsergebnisses, ist gleichgültig, denn die Widerspruchserklärung hat ja dem Sinne des Gesetzes gemäß nur Legitimationsbedeutung, und es wäre formalistisch und der Absicht des Gesetzes

---

[1] Staub und Makower (s. S. 15 Anm. 1) räumen nun hier mit der Rechtsprechung des Reichsgerichts der beklagten Aktiengesellschaft das Recht ein, dem Strohmannaktionär in einen solchen Falle seine Nichtanteilsberechtigung entgegenzuhalten. Das führt aber zu einer Unsicherheit im Rechtsleben. Es kann auch sonst nicht die Umgehung des Gesetzes geltend gemacht werden, soweit sie noch nicht zu einer Verletzung desselben gediehen ist.

zuwiderlaufend, wollte man den Widerspruch, der allerdings erklärt war, als ein Beschluß noch gar nicht vorhanden war, nicht als gegen den dann tatsächlich gefaßten Beschluß erhoben gelten lassen. Wird der Antrag abgelehnt, dann ist der Widerspruch eben hinfällig.[1] Eine Wiederholung des Widerspruchs nach Feststellung des einzelnen Beschlußergebnisses ist nicht nötig.[2] Der Widerspruch kann sogar auch vor jedweder Beschlußfassung erklärt werden, wenn er sich darauf gründet, daß die Generalversammlung unter Verletzung von Gesetz oder Gesellschaftsvertrag einberufen worden sei,[3] oder aus anderen die Gültigkeit aller in dieser Generalversammlung zu fassenden Beschlüsse betreffenden Gründen. Doch muß dann dieser Widerspruch so gefaßt sein, daß er auf jeden Fall einen später wirklich gefaßten Beschluß auch bestimmt trifft. An eine in der Versammlung gegebene Begründung ist allerdings der Anfechtende mangels bestimmter gesetzlicher Vorschriften nicht gebunden. Einer Begründung bedarf es bei der Einlegung des Widerspruchs an sich überhaupt nicht.[4] Diese ist erst für die einzureichende Klage erforderlich.

e) Dieser Widerspruch muß zu Protokoll erklärt sein. Daß er auch tatsächlich ins Protokoll aufgenommen ist, ist nicht nötig. Hat ihn der protokollierende Beamte im Protokoll vergessen, so steht beim Kläger nur die Beweislast, daß er wirklich erklärt ist, denn diese Erklärung gehört zur Klagebegründung. Da er ins Sitzungsprotokoll aufzunehmen ist, kann er nicht mehr nach Abschluß desselben erklärt werden. Er kann aber andrerseits so lange erklärt werden, als das Protokoll geführt wird, also gegen den ersten Beschluß auch dann, wenn bereits die Verhandlung beim letzten angelangt ist.

f) Zu dem Widerspruch ist auch ein Aktionär berechtigt, der gar kein Stimmrecht hatte. Das Anfechtungsrecht ist unabhängig vom Stimmrecht, ein selbständiger Ausfluß des Mitglied-

---

[1] RG. Bd. 20 S. 141f.; Esser a. a. O. S. 198.
[2] RG. Bd. 36 S. 25; Bauer a. a. O. S. 213.
[3] RG. Bd. 30 S. 51.
[4] RG. Bd. 30 S. 141.

schafts- und des Anteilsrechts. Auch ein nichtstimmberechtigter Aktionär hat ein berechtigtes Interesse an einem gesetz- und statutengemäßen Zustandekommen der Beschlüsse.

§ 7.

Anfechtungsberechtigt ist ferner der nichterschienene Aktionär, der zur Generalversammlung unberechtigterweise nicht zugelassen worden ist oder der die Anfechtung darauf gründet, daß die Berufung der Versammlung oder die Ankündigung des Gegenstandes der Beschlußfassung nicht gehörig erfolgt sei.

a) An sich ist jeder Aktionär teilnahmeberechtigt. Dabei ist es gleichgültig, ob er Stimmrecht hatte oder nicht, denn er kann auch in Fällen, in denen er kein Stimmrecht hat, z. B. wenn er Vertragsgegner der Gesellschaft ist, oder entlastet werden soll, in der Debatte reden und Anträge stellen. Aber nicht jede Nichtzulassung ist unberechtigt. So ist ein Bevollmächtigter, der ohne jede oder jedenfalls ohne die nach § 252 HGB. vorgeschriebene schriftliche Vollmacht erscheint, von der Generalversammlung von vornherein auszuschließen. Ebenso kann ein Aktionär, der die statutarischen Bestimmungen, wie Aktienhinterlegung oder Stimmkartenlösung, nicht einhält, zurückgewiesen werden.[1] Ein späterer unberechtigter Ausschluß nach Eröffnung der Generalversammlung ist der unberechtigten Nichtzulassung gleichzuachten.

b) *αα*) Eine Generalversammlung ist nicht gehörig berufen, wenn die aus den §§ 253 ff. HGB. und dem Gesellschaftsvertrage sich für die Berufung ergebenden Vorschriften außer acht gelassen worden sind. Inwieweit gegen diese Vorschriften vorgekommene Verstöße gemäß § 4 dieser Abhandlung so erheblich sind, daß die Versammlung nicht mehr unter den Begriff der Generalversammlung fällt, ist Tatfrage. Die Unterscheidung Staubs[2] unter dem Gesichtspunkte der Einberufung durch ein zuständiges oder unzuständiges Organ ist nicht zu halten. Einer-

---

[1] Bauer, a. a. O. S. 213.

[2] Staub a. a. O. zu § 256 Anm. 9 S. 873.

seits könnte ein nach § 253 HGB. möglicherweise durch das Statut zur Einberufung einer Generalversammlung befugter Aktionär, der aber tatsächlich im Einzelfalle diese Fähigkeit gar nicht hatte, eine Generalversammlung unter Beobachtung aller sonstigen Vorschriften einberufen, zu der auch tatsächlich die Aktionäre und die Organe der Aktiengesellschaft erscheinen und in der ohne jede Rüge von irgendwelcher Seite verhandelt und beschlossen wird. In diesem Falle wird man billigerweise zwar die Anfechtungsklage gewähren, aber immer eine Generalversammlung als vorhanden erachten müssen. Andrerseits kann ein zuständiges Organ unter so gröblicher Verletzung der Vorschriften eine Generalversammlung berufen, indem es z. B. eine Ankündigung nur in obskuren Blättern erläßt, die Zeit nicht einhält und keine genaue Bezeichnung des Zwecks der Generalversammlung angibt, daß man überhaupt das Vorhandensein einer Generalversammlung verneinen wird. Man wird hier die Entscheidung von der Prüfung jedes einzelnen Falles abhängig machen müssen. Bei einem geringen Versehen, das sich bei der Bekanntmachung der Berufung etwa im Titel der Aktiengesellschaft eingeschlichen hat, wird man trotzdem die Berufung immer noch als ordnungsgemäß bezeichnen und demgemäß die Anfechtung verweigern.

ββ) Besonders hervorgehoben ist die nicht gehörige Ankündigung des Gegenstandes der Beschlußfassung. Dazu wird man einmal den Fall rechnen, daß eine solche Ankündigung überhaupt unterlassen worden ist, und dann den Fall, daß sie so undeutlich gehalten ist, daß ein jeder Aktionär nicht sofort den Gegenstand klar daraus ersehen kann.

c) Außer in den beiden soeben genannten Fällen steht dem nichterschienenen Aktionär ein Anfechtungsrecht oder ein sonstiger Rechtsbehelf gegen gesetz- oder statutenwidrige Beschlüsse nicht zu, denn er hat durch sein Nichterscheinen sein Einverständnis mit allen in der Generalversammlung zu fassenden Beschlüsse bekundet.[1]

---

[1] Hergenhahn, Berufung a. a. O. S. 148; Lehmann, Aktienrecht Bd. II S. 219; Esser a. a. O. S. 197; RG. Bd. 34 S. 116.

d) Ist ein Aktionär trotz der unter a und b oben angeführten Mängel in der Generalversammlung erschienen, so wird man ihm das Anfechtungsrecht wegen dieser Mängel nur gewähren können, wenn er in der Generalversammlung rechtzeitig seinen Widerspruch zu Protokoll erklärt hat, denn die hier gegebenen Sondervorschriften sind nur zum Schutze des nichterschienenen Aktionärs gegeben, während für den erschienenen Aktionär die Widerspruchspflicht zwingend ist.[1]

B. Voraussetzungen der Anfechtung von Generalversammlungsbeschlüssen im Falle unstatthaft hoher Abschreibungen und Rücklagen im besonderen.

§ 8.

Die Bilanz.

Diese besondere Anfechtung kann sich nur auf Generalversammlungsbeschlüsse beziehen, die die Genehmigung der Bilanzen zum Gegenstande haben. Die Begriffsbestimmung der Bilanz gibt das Gesetz nicht. Man versteht darunter die rechnerische Darstellung des Wertunterschiedes zwischen den verschiedenen Gruppen der zu einem aktiven und passiven Vermögen gehörigen Gegenstände.[2] Sie soll einmal den Interessenten der Aktiengesellschaft periodisch eine Darstellung der Vermögenslage derselben geben. Sie bildet weiter den Ausgangspunkt für die Gewinnverteilung und die Grundlage für die Rechnungslegung an die Aktionäre. Schließlich macht ihre wissentlich unrichtige Aufstellung den Vorstand und eventuell den Aufsichtsrat strafbar.[3] Von den bei einer Aktiengesellschaft vorkommenden Bilanzen sind hervorzuheben:

1. Die Eröffnungsbilanz, die nach § 39 HGB. jeder Kaufmann, mithin, da nach § 210 HGB. die Aktiengesellschaft immer Handelsgesellschaft ist und nach § 6 HGB. auch auf die Handels-

---

[1] Bauer a. a. O. S. 213.

[2] Gareis, Handelsrecht a. a. O. S. 49; Rehm, Bilanzen a. a. O. S. 3.

[3] § 314 HGB.; Simon, Bilanzen a. a. O. S. 1f.

gesellschaften die betreffs der Kaufleute gegebenen Vorschriften Anwendung finden, auch die Aktiengesellschaft und zwar, da sie vor Eintragung in das Handelsregister als solche nicht besteht, frühestens kurz nach Bewirkung dieser Eintragung aufstellen muß,

2. die Jahresbilanz gemäß § 39 Abs. 2 HGB., die für den Schluß jedes Jahres aufzustellen ist,

3. die im § 240 HGB. erwähnten Zwischenbilanzen, die zwischen zwei Jahresenden fakultativ gezogen werden können,

4. die Liquidationsbilanz, die nach Auflösung der Aktiengesellschaft von den Liquidatoren zu ziehen ist,

5. die Bilanz bei Umwandlung einer Aktiengesellschaft in eine Gesellschaft mit beschränkter Haftung gemäß § 80 des Gesetzes vom 20. Mai 1898, betreffend die Gesellschaften mit beschränkter Haftung.

Gegenstand eines Generalversammlungsbeschlusses und daher der Anfechtung gemäß §§ 271 ff. HGB. sind nun nach § 260 HGB. nur die Jahresbilanzen. Eine Ausdehnung dieser Bestimmung auch auf die anderen Bilanzen ist, da § 260 HGB. ausdrücklich nur die Jahresbilanzen nennt, für die anderen Bilanzen aber auch sonst im Gesetz sich eine dahingehende Bestimmung nicht findet, unstatthaft. Ob dagegen, wie Rehm[1] annimmt, die §§ 261 ff. HGB. im übrigen auch auf die anderen Bilanzen Anwendung finden können, kann hier dahingestellt bleiben. Zum Gegenstande eines Generalversammlungsbeschlusses ist die Jahresbilanz deshalb gemacht worden, weil die Bilanzgenehmigung für die Aktionäre das einzige Mittel bildet, bei der Vermögensverwaltung der Aktiengesellschaften mitzusprechen und die Geschäftsführung ihrer Organe zu kontrollieren. Die einzelnen Erfordernisse einer Bilanz regeln die §§ 261, 262, 39, 40, 41 HGB. und ergänzend der Gesellschaftsvertrag. Wird eines der gesetzlich oder statutarisch notwendigen Erfordernisse nicht erfüllt, so greift die Anfechtungsklage gemäß §§ 271 ff. HGB. unbeschränkt ein. Eine Beschränkung des Anfechtungsrechtes tritt aber dann ein, wenn Abschreibungen oder Rücklagen über das nach Gesetz und Gesellschaftsvertrag statthafte Maß angeordnet sind.

---

[1] Rehm, Bilanzen a. a. O. S. 15 ff.

§ 9.

Die Abschreibungen und Rücklagen müssen nach Gesetz und Gesellschaftsvertrag unstatthaft hoch sein.

a) Unter Abschreibungen wird man in Anlehnung an § 263 Nr. 3 HGB. Beträge verstehen, welche ausgeworfen werden, um die durch Abnutzung der dem Geschäftsbetriebe einer Aktiengesellschaft dienenden Gegenstände hervorgerufene Wertminderung auszugleichen. Ob diese Abschreibungen der Regel nach so zu erfolgen haben, daß von vornherein ein geringerer Wert der Gegenstände in die Bilanz eingesetzt wird, oder so, daß auf der Aktivenseite der Anschaffungswert, auf der Passivenseite die Abnutzungsquote erscheint, kann hier unerörtert bleiben, da jedenfalls § 261 Abs. 2 Ziff. 3 HGB. auch diese zweite Art der Berechnung zuläßt. Diese Abschreibungen nun sind nötig, um den annähernd wahren Stand des Vermögens festzustellen, da ja je nach der Intensität des Betriebes die dazu gehörigen Maschinen und anderen Betriebsgegenstände mehr oder weniger abgenutzt werden und an Wert verlieren. Sie sind aber auch nach § 261 Ziff. 3 HGB. gesetzlich geboten. Sind sie also überhaupt nicht oder zu gering angesetzt, so unterliegen sie als gesetzwidrig der gewöhnlichen Anfechtung der §§ 271 ff. HGB. Einer erschwerten Anfechtung bedarf es nur, wenn die Abschreibungen zu hoch sind. Dadurch wird das Dividendenrecht der Aktionäre proportional der Steigerung der Abschreibungen geschmälert und der Aktionär in seinem Vermögen benachteiligt. Da aber durch hohe Abschreibungen die Sicherheit des Betriebes gesteigert wird, die im Interesse der Gemeinschaft aller Aktionäre, der Gesellschaftsgläubiger und des Staates liegt, so soll nach dem Gesetze nicht jeder einzelne Aktionär die Macht haben, durch Anfechtung diese Sicherheit aus rein egoistischen Gründen zu nehmen. Wann das nach Gesetz und Gesellschaftsvertrage statthafte Maß überschritten ist, ist Tatfrage. Den Begriff „statthaftes Maß" wird man jedenfalls quantitativ und nicht qualitativ zu verstehen haben. Man wird nicht die Höhe der einzelnen Abschreibungsposten darunter begreifen, sondern es unterliegen nur Verletzungen der Bewertungsgrundsätze der Anfechtung.[1] Die Höhe dagegen unterliegt der vom Vorstand aufgestellten und von der Generalversammlung durch Beschluß festgesetzten Taxe. Diese Taxe aber ist Meinungssache. Meinungen können auseinandergehen. Sollte nun die Meinung eines vom Gericht in einem — hier angenommenen — wegen zu hoher Bewertung einzelner Posten eingeleiteten Anfechtungsprozesse vernommenen Sachverständigen der Meinung des Vorstandes und der Mehrzahl der Aktionäre widersprechen, so könnte es kommen, daß das Gericht diesem einen Sachverständigen Gehör schenkt gegenüber der Mehrheit der die eigentümliche Sachlage der Aktiengesellschaft besser kennenden Aktionäre. Das kann aber vom Gesetze nicht gewollt sein. Die diese Höhe feststellenden Generalversammlungsbeschlüsse unterliegen nur dann der Anfechtung, wenn bei ihrem Zustandekommen auf irgendeine Weise Gesetz oder Statut verletzt sind, dann aber auch der gewöhnlichen Anfechtung. Wegen wirtschaftlicher oder kaufmännischer Fehler ist die Anfechtung nie gegeben. Über das statthafte Maß hinaus gehen dagegen Abschreibungsposten, die für weder im Gesetze noch im Gesellschaftsvertrage vorgesehene Zwecke eingesetzt werden. Wann solche vorliegen, unterliegt der Beurteilung des einzelnen Falles. Nicht unter gesetzwidrige Abschreibungen fallen Dotierungen an Beamte oder Arbeiter der Aktiengesellschaft. Diese Dotierungen waren ursprünglich mit als besonderer Punkt vorgesehen, dessen Anfechtung einer besonderen Erschwerung unterlag und sind nur deshalb nicht mit in das Gesetz aufgenommen werden, weil das Reichsgericht sie als implicite auf Grund der abgeschlossenen Dienstverträge erfolgt immer für zulässig erklärt habe.[2]

b) Ähnlich verhält es sich mit den Rücklagen. Die Rücklagen bezeichnet das Handelsgesetzbuch in § 262 mit Reservefonds und versteht darunter den Teil des Reingewinns, der zur Deckung unvorhergesehener Verluste und zur Überwindung sonstiger unvorhergesehener Schwierigkeiten bis zur Erreichung

---

[1] Merzbacher a. a. O. S. 221; Simon a. a. O. S. 322.

[2] Kommissionsbericht S. 94 bei Hahn a. a. O. S. 612f.

eines gesetzlich oder statutarisch näher bestimmten Maximums von der Auszahlung zurückbehalten wird.[1] Hier hat man aber das „unstatthafte Maß“ qualitativ und quantitativ zu verstehen, denn einmal können außer den besonderen im Statut vorgesehenen Fonds noch neue Arten von Rücklagen in der Bilanz sich finden und dann können auch hier die Rücklagen die nach Gesetz oder Statut feststehende Höhe überschreiten. Ob ein angefochtener Posten zu einem gesetzlichen oder statutarischen Reservefonds gehört, ist nach dem Einzelfall zu beurteilen. Auch hier ist die Unterlassung des Ansetzens vorgeschriebener Reservefonds oder die zu geringe Dotierung mit der gewöhnlichen Anfechtungsklage des § 271 Abs. 3 Satz 1 anfechtbar.

§ 10.

Die Anteile des anfechtenden Aktionärs oder der anfechtenden Aktionäre müssen den zwanzigsten Teil des Grundkapitals erreichen.

Das Grundkapital ist notwendigerweise bei jeder Aktiengesellschaft besonders durch den Gesellschaftsvertrag fest bestimmt. Der anfechtende Aktionär muß nun sowohl zur Zeit der Beschlußfassung über die Bilanz als auch während der ganzen Zeit von der Erhebung der Anfechtungsklage bis zu deren endgültiger Erledigung im Besitze von Aktien sein, die den zwanzigsten Teil dieses Grundkapitals ausmachen. Ist der benachteiligte Aktionär nicht im Besitze so vieler Aktien, so muß er sich mit anderen zusammentun, damit ihre Aktien zusammen diese Höhe erreichen. Die daraufhin klagenden Aktionäre sind notwendige Streitgenossen im Sinne des § 62 ZPO., da nicht jeder einzelne für sich klagen kann, denn da würde er als nicht legitimiert abgewiesen werden, sondern nur alle zusammen klagen können. Sie müssen auch während des ganzen Prozesses Streitgenossen bleiben, da, sobald einer seiner Aktien verkauft, die Summe der Aktien der übrigen nicht mehr die erforderliche Höhe hat, die Aktionäre also von da an nicht mehr legitimiert sind. Der neue

[1] Lehmann, Aktienrecht Bd. II a. a. O. S. 296.

Aktionär, der die Aktie von einem mitklagenden Aktionär erworben hat, kann an dessen Stelle die Anfechtungsklage nicht etwa fortsetzen, sondern es müßte dann eine neue Streitgenossenschaft erneut Klage erheben. Dies wäre aber, da die im § 271 Abs. 3 Satz 1 aufgestellten Erfordernisse natürlich auch für die — erschwerte — Anfechtungsklage des § 271 Abs. 3 Satz 2 gelten müssen, nur dann möglich, wenn nichterschienene Aktionäre Klage erheben würden.

III. Zweiter Hauptteil.

Die Durchführung der Anfechtung.

§ 11.

Die Anfechtung wird im Wege der Klage geltend gemacht.

Darin unterscheidet sich die Anfechtung der §§ 271 ff. HGB. grundsätzlich von der Anfechtung des BGB., die durch einseitige private Erklärung gegenüber dem anderen Teil geltend gemacht wird. Die Anfechtung des BGB. wäre hier allerdings auch gar nicht möglich, einmal weil sowohl der Staat als auch die übrigen Aktionäre ein starkes Interesse daran haben, zu wissen, ob ein Generalversammlungsbeschluß seine Gültigkeit behält, und über den Erfolg der Anfechtung dauernd auf dem Laufenden zu bleiben und dann auch, weil die bei jeder Anfechtung auftauchenden Zweifel über die Berechtigung der Anfechtungsgründe einer richterlichen Entscheidung bedürfen. Erhoben wird die Klage durch Zustellung eines den Erfordernissen des § 253 ZPO. entsprechenden Schriftsatzes. Ob die Geltendmachung der Anfechtung im Wege der Widerklage zuzulassen sei, ist zweifelhaft. Man wird wohl ihre Zulässigkeit verneinen müssen.[1] Einmal ist für die Anfechtungsklage ausschließlich zuständig das Landgericht, in dessen Bezirke die Gesellschaft ihren Sitz hat. Diese aus-

---

[1] So auch Makower S. 731; Merzbacher a. a. O. S. 223; Staub a. a. O. S. 916; Pinner a. a. O. S. 234; Goldmann a. a. O. S. 1120.

schließliche Zuständigkeit müßte natürlich auch für die Widerklage gelten. Damit entfielen zunächst alle Widerklagen, die auf eine beim Amtsgericht gegen den Aktionär erhobene Klage hin angestrengt würden. Es entfielen aber auch alle Widerklagen auf an anderen Landgerichten erhobene Klagen hin. Danach blieben nur übrig die Widerklagen, die auf am selben Landgericht erhobene Klagen hin angestrengt würden. Das wäre aber ein unbefriedigendes Ergebnis. Man kann einzelnen Aktionären nicht lediglich wegen ihrer örtlichen Stationierung ein so wichtiges Rechtsmittel wie die Anfechtungsmöglichkeit geben, das den anderen versagt ist. Ferner spricht auch der Umstand dagegen, daß die Aktiengesellschaft als Klägerin nur durch den Vorstand vertreten ist, als Beklagte aber durch Vorstand und Aufsichtsrat vertreten sein muß. Die Widerklage wird gemäß §§ 33, 281, 278 ZPO. in der mündlichen Verhandlung erhoben. Im gewöhnlichen Fall ist der Widerbeklagte in der Gestalt des Klägers schon vorhanden. Diesen Fall sieht aber auch das Gesetz allein vor. Bei einer für die Kläger- und Beklagtenrolle verschieden geregelten Vertretung wird daher die Widerklage nicht möglich sein.[1] Eine Geltendmachung im Wege der Einrede ist von vornherein durch die gesetzliche Regelung ausgeschlossen.

Die Frage, ob die anzustrengende Klage eine Leistungs-, Feststellungs- oder Rechtsgestaltungsklage ist, kann bei der Frage der Durchführung der Anfechtung unerörtert bleiben.[2]

---

[1] Dagegen Lehmann-Ring a. a. O. S. 540; Ring a. a. O. S. 299; Behrend a. a. O. S. 831.

[2] In der Literatur ist man über das Wesen der Klage sehr verschiedener Ansicht. Da mit der Klage nur bezweckt werden kann, den Generalversammlungsbeschluß für nichtig zu erklären, der Richter aber nicht in der Lage ist, einen andern Beschluß an Stelle des alten zu setzen oder etwa einen Schadensanspruch festzusetzen, so kann es sich keinesfalls um eine Leistungsklage handeln. Sie ist aber auch keine bloße Feststellungsklage. Das Ergebnis einer Feststellungsklage ist immer der Ausspruch des Bestehens eines Zustandes, der schon da war. Wird nun der Klage stattgegeben, so wird allerdings tatsächlich festgestellt, daß der Beschluß nichtig war. Aber diese Nichtigkeit ist nur eine relative. Denn, wird der Beschluß nicht angefochten, so verwandelt sich die Nichtigkeit in eine absolute

Ebensowenig bedarf die Frage, ob außer der Anfechtungsklage eine Klage der Gesellschaft auf Feststellung der Gültigkeit des Beschlusses zulässig sei, hier der Erörterung.[1]

Da das Landgericht ausschließlich zuständig ist, ist auch die Zuständigkeit des Reichsgerichts als Revisionsinstanz ohne Rücksicht auf den Streitgegenstand gegeben.[2] Es entfällt damit auch die Sollvorschrift des § 253 Abs. 3 ZPO., den Wert des Streitgegenstandes anzugeben, da ja die Zuständigkeit des Gerichts von diesem Werte nicht abhängt. Es kann daher die Frage, ob dieser Wert nach dem Interesse des klagenden Aktionärs oder dem der Gesellschaft zu bemessen sei, in vorliegender Abhandlung übergangen werden. Der Prozeß ist stets Anwaltsprozeß. Die Einreichung einer Klagschrift durch einen Aktionär ist also ohne rechtliche Wirkung. Die Ladung erfolgt nach § 215 ZPO. Sie muß die Aufforderung an die Aktiengesellschaft enthalten, sich einen bei dem Landgerichte ihres Sitzes zugelassenen Rechtsanwalt zu bestellen. Nach § 101 Ziff. 3a GVG. ist der Rechtsstreit vor der Kammer für Handelssachen zu verhandeln, falls der Kläger dies beantragt.

Die Klage der §§ 271 ff. HGB. ist der ausschließliche Rechtsbehelf gegen gesetz- und statutenwidrige Generalversammlungsbeschlüsse.[3] Doch kann dieser Satz nur insoweit gelten, als sich eben die Generalversammlungsbeschlüsse auf ihrer Kompetenz unterliegende Gebiete erstreckt. Verletzt dagegen der Generalversamm-

---

Gültigkeit, es sei denn, daß zwingendes Recht verletzt ist. Im letzteren Falle bleibt der Beschluß unbedingt nichtig. Man wird daher mit Staub a. a. O. S. 926 und Gaupp-Stein a. a. O. S. 545 f. die Klage als eine Rechtsgestaltungsklage bezeichnen müssen, denn es wird ein zunächst ungewisser Rechtszustand zu einem gewissen umgestaltet. Diese Rechtsgestaltung wirkt allerdings ex tunc.

[1] Man wird diese Frage verneinen müssen. Sie ist nach § 256 ZPO. zu beurteilen. Der Kläger muß ein berechtigtes Interesse nachweisen, hier also, daß die Feststellung unbedingt innerhalb der doch sehr kurzen Monatsfrist von der Beschlußfassung an erfolgen müsse, denn nach Ablauf dieses Monats ist der Beschluß schon ohnedies gültig. Dieser Beweis wird sich daher sehr schwer führen lassen.

[2] § 547 ZPO.

[3] Hergenhahn, Berufung a. a. O. S. 146.

lungsbeschluß ein Vertragsverhältnis, das zwischen der Gesellschaft und Aktionären außerhalb der Sphäre ihrer Aktionärseigenschaften, also als Dritten, geschlossen worden ist, so muß dem Aktionär das Klagerecht aus dem Kontrakte bleiben.[1]

§ 12.

Die Klage darf nur innerhalb eines Monats erhoben werden.

Für Fristbestimmungen gibt das Handelsgesetzbuch keine besonderen Anordnungen. Diese sind also nach dem Bürgerlichen Gesetzbuche zu beurteilen. Die Klage ist nun nicht innerhalb 30 Tagen, sondern innerhalb eines Monats zu erheben. Nach § 188 BGB. beginnt die Frist mit dem Tage, an dem die betr. Generalversammlung stattfand und endet mit Ablauf des dem Kalendertage des Tages der Generalversammlung gleichlautenden Tages des folgenden Monats. Fand die Generalversammlung am 30. Januar statt, so endet die Frist, da der Februar einen gleichlautenden Tag nicht hat, gemäß § 188 Abs. 3 BGB. mit Ablauf des letzten Tages des Februar. Diese Frist ist eine Präklusivfrist. Das Anfechtungsrecht erlischt, wenn der Aktionär es innerhalb dieser Frist nicht ausübt, sei es auch, daß er durch höhere Gewalt an seiner Ausübung verhindert war oder überhaupt von der ganzen Generalversammlung keine Kenntnis hatte noch haben konnte. Die im Interesse der Rechtssicherheit der Gesellschaft gegebene Vorschrift geht unbedingt dem Interesse des Einzelaktionärs vor.[2] Innerhalb der Monatsfrist können neue Klaggründe ohne weiteres angebracht werden. Nach deren Ablauf ist dies nur möglich, insoweit eine Klageänderung gemäß § 264 ZPO. zulässig ist, also nur im Einverständnis mit der Beklagten oder wenn dadurch deren Verteidigung nicht wesentlich erschwert wird.

---

[1] RG. Bd. 17 S. 16, 17.

[2] So auch LEHMANN, Aktienrecht Bd. II a. a. O. S. 227; dagegen PINNER a. a. O. S. 239.

§ 13.

Mehrere Anfechtungsprozesse sind zu gleicher Verhandlung und Entscheidung zu verbinden.

Das ist eine zwingende Vorschrift. Die Verbindung liegt daher nicht im freien Ermessen des Gerichts. Zu verbinden sind allerdings nur Klagen, die eine Anfechtung ein und desselben Generalversammlungsbeschlusses, wenn auch aus verschiedenartigen Gründen, zum Gegenstande haben. Eine Verbindung von Klagen, mit denen verschiedenartige Generalversammlungsbeschlüsse angefochten werden, wäre unzweckmäßig. Die Verbindung will verhindern, daß etwa über ein und denselben Beschluß verschiedene Urteile gesprochen werden und will ferner eine Vereinfachung und Beschleunigung des gesamten Anfechtungsverfahrens herbeiführen. Eine gleichzeitige Verhandlung verschiedenartiger Beschlüsse würde aber meist eine Erschwerung des Verfahrens bedeuten und kann daher vom Gesetze nicht gewollt sein. Das hindert nicht, daß nach § 147 ZPO. die Klagen auf Anfechtung mehrerer Beschlüsse, die auf einem einheitlichen Grunde beruhen, vom Gericht zu einheitlicher Verhandlung und Entscheidung verbunden werden können.

Die Verbindung wirkt ex nunc. Daher sind bis zur Verbindung erwachsene Kosten gesondert zu berechnen.[1] Sie erfolgt durch Beschluß, der, in der ersten mündlichen Verhandlung erlassen, verkündet, vor der ersten mündlichen Verhandlung erlassen, den Parteien zugestellt werden muß. Auch hier sind die mehreren Kläger notwendige Streitgenossen, da nur einheitlich gegen sie die Ungültigkeit des Beschlusses festgestellt oder die Anfechtungsklage abgewiesen werden kann.[2] Im Zusammenhange mit der Vorschrift über die Verbindung mehrerer Anfechtungsprozesse steht die, daß die mündliche Verhandlung nicht vor Ablauf der Frist eines Monats erfolgen soll, da nur dann sich übersehen läßt, ob mehrere Anfechtungsprozesse werden an-

[1] JW. Jahrgang 1899 a. a. O. S. 696 Nr. 5; Merzbacher a. a. O. S. 227.

[2] Staub a. a. O. S. 931; Makower a. a. O. S. 739; Goldmann a. a. O. S. 1127.

hängig gemacht werden. Praktischerweise wird der Vorsitzende der Kammer den Termin zur mündlichen Verhandlung nicht auf einen früheren Zeitpunkt legen als zwei Wochen nach Ablauf der Monatsfrist, da bis zum letzten Tage der Monatsfrist noch Anfechtungsklagen einlaufen können, die nach § 262 ZPO. einer Einlassungsfrist von zwei Wochen bedürfen. Hat der Vorsitzende die mündliche Verhandlung auf einen früheren Termin anberaumt, und es läuft noch in den letzten Tagen des Anfechtungsmonats eine neue Klage wegen desselben Generalversammlungsbeschlusses ein, so wird er von seinem Rechte, auf Antrag des Klägers die Einlassungsfrist gemäß § 226 ZPO. abzukürzen, Gebrauch machen. Die Rechtsverteidigung wird hierbei nie erschwert sein, da es sich ja um ein und denselben Generalversammlungsbeschluß handelt, der in den häufigsten Fällen sogar auch noch aus ein und demselben Grunde angefochten wird.

§ 14.

Die Klage richtet sich gegen die Gesellschaft, vertreten durch Vorstand und Aufsichtsrat.

Die Firma der Aktiengesellschaft muß immer im Rubrum der Klage als Beklagte genannt sein. Ist die Firma einer Aktiengesellschaft durch den Übergang ihres Vermögens auf eine andre Gesellschaft oder sonstige juristische Person ohne vorherige Liquidation erloschen, so ist die Anfechtung des den Übergang betreffenden Generalversammlungsbeschlusses gegen die Rechtsnachfolgerin der aufgelösten Gesellschaft zu richten.[1] Wann ein liquidationsloser Übergang zulässig ist, ist in § 304 HGB. geregelt. Im Anfechtungsprozeß muß die Aktiengesellschaft immer durch Vorstand und Aufsichtsrat vertreten sein. Diese Vertretung ist eine Gesamtvertretung in dem Sinne, daß eine gegen eines der beiden Organe allein gerichtete Frage unzulässig ist.[2] Sie ist aber auch in dem Sinne Gesamtvertretung, daß nicht einzelne Mitglieder des Vorstandes mit einzelnen Mitgliedern des Auf-

---

[1] § 308 HGB.

[2] Bolze a. a. O. Bd. 21 Nr. 564; JW. Jahrgang 1907 S. 486 a. a. O.

sichtsrates die Gesellschaft vertreten können, so daß etwa nur Repräsentanten beider Organe benötigt wären, sondern daß nur der gesamte Vorstand und der gesamte Aufsichtsrat zur Vertretung berufen sind. Dies geht schon aus dem Wortlaute des Gesetzes hervor, das dann, wenn es den Gesamtvorstand und den Gesamtaufsichtsrat meint, immer „der Vorstand" und „der Aufsichtsrat" sagt, während es sonst von „den Mitgliedern" eines dieser Organe redet.[1] Da nun nur beide Organe in ihrer Gesamtheit zur Vertretung berechtigt sind, muß auch die Anfechtungsklage an beide, und zwar innerhalb der Monatsfrist, zugestellt werden, denn erst durch die Zustellung wird die Klage „erhoben". Es genügt aber nach § 171 Abs. 2, 3 ZPO., wenn nur an je ein Mitglied dieser Organe die Zustellung erfolgt. Wegen der Legitimation der einzelnen Mitglieder beider Organe kann sich der klagende Aktionär auf das Handelsregister berufen, es sei denn, daß Änderungen zwar vor sich gegangen, aber noch nicht eingetragen worden sind.[2] Wird der Mitglieder des Vorstandes oder Aufsichtsrats absetzende Beschluß angefochten, so sind in der Klage bereits die neuen Mitglieder zu benennen, da der Beschluß so lange als gültig gilt, bis er durch Urteil für ungültig erklärt worden ist.[3] Die einzelnen Mitglieder der beiden Organe sind in der Klage zu nennen. Fehlt ihre Benennung, so ist trotzdem die Klage rechtmäßig erhoben. Nur muß der Richter auf Vervollständigung dringen, da sonst ein obsiegendes Urteil nicht ergehen könnte, sondern die Klage abgewiesen werden müßte.[4]

§ 15.

Das Gericht kann auf Verlangen Sicherheit von dem klagenden Aktionär fordern.

Zu dem Sicherheitsverlangen ist nur das Gericht befugt, nicht etwa auch die Organe der Gesellschaft. Diese können

---

[1] Alexander im ZHR. Bd. 40 S. 98ff.
[2] RG. in JW. Jahrgang 1891 a. a. O. S. 14, Ritter a. a. O. S. 345.
[3] RG. im JW. Jahrgang 1896 a. a. O. S. 622 Nr. 22.
[4] OLGR. Bd. 5 S. 277; Staub a. a. O. S. 930.

aber einen dahingehenden Antrag stellen. Ohne einen solchen Antrag ist auch das Gericht nicht einmal zu einem Sicherheitsverlangen befugt. Eine Pflicht, dem Antrage der Gesellschaftsorgane zu entsprechen, besteht für das Gericht nicht.[1] Es steht vielmehr die Anordnung der Sicherheitsleistung in seinem freien Ermessen. Es wird vor allem trotz eines etwaigen Verlangens von einer Anordnung abgesehen, wenn die behauptete Gesetzes- oder Statutenverletzung offensichtlich ist, und andrerseits dem Verlangen stets dann stattgegeben werden, wenn aus der Anfechtungsklage der Gesellschaft ein unverhältnismäßig hoher Schaden droht. Über die Art und Höhe der Sicherheitsleistung befindet ebenfalls das Gericht nach freiem Ermessen. Es ist insbesondere nicht an die Vorschriften der §§ 232ff. BGB. gebunden und kann als solche auch die Hinterlegung von Aktien anordnen.[2] Dieses Sicherheitsverlangen ist keine prozeßhindernde Einrede im Sinne des § 284 ZPO. Die Gesellschaft kann also noch in jeder Lage des Rechtsstreites das Verlangen nach Sicherheit stellen.[3]

Über das Verlangen der Gesellschaft ist zu entscheiden und zwar durch Beschluß,[4] wenn weder über die Verpflichtung noch über die Höhe der zu leistenden Sicherheit Streit besteht, sonst durch Zwischenurteil.[5] Der Beschluß ist überhaupt nicht, das Zwischenurteil nur zusammen mit dem Endurteil anfechtbar.[6] Wird die angeordnete Sicherheitsleistung nicht bis zum Termine bewirkt, so ist auf Antrag die Klage nach § 113 ZPO. für zurückgenommen zu erklären, und den Anfechtungskläger treffen die erwachsenen Kosten. Da gemäß § 272 Abs. 3 Satz 2 HGB. die Vorschriften der ZPO. nur wegen der Festsetzung einer Frist zur Sicherheitsleistung und der Folgen der Versäumnis dieser Frist anzuwenden sind, so ist die Bestimmung über die

---

[1] OLGR. a. a. O. Bd. 8 S. 386.

[2] RG. a. a. O. Bd. 37 S. 112.

[3] Gaupp-Stein a. a. O. S. 632; Ritter a. a. O. S. 346; RG. bei Gruchot a. a. O. Bd. 46 S. 1054. Dagegen Esser a. a. O. S. 202.

[4] JW. Jahrgang 1902 a. a. O. S. 90.

[5] RG. Bd. 33 S. 432, Bd. 24 S. 429.

[6] JW. a. a. O. Jahrgang 1902 S. 90, Jahrgang 1903 S. 289.

Rückgabe der Sicherheit, weil nicht mit angeführt, nicht anzuwenden. Der Aktionär muß sich daher an den Vorstand als den berufenen Vertreter der Gesellschaft wegen der Rückgabe wenden und gegebenen Falles Klage gegen die Aktiengesellschaft erheben. Die Sicherheit haftet für jedweden der Aktiengesellschaft drohenden Nachteil, also nicht bloß, wie böswillige Anfechtungsgläubiger, für die durch unbegründete Anfechtung verursachten Nachteile.[1]

§ 16.

Der Vorstand muß die Erhebung der Klage und den Termin zur mündlichen Verhandlung unverzüglich in den Gesellschaftsblättern bekannt machen.

Wer zur Vertretung des Gesamtvorstandes berechtigt und daher zur Anmeldung verpflichtet ist, ergibt der Gesellschaftsvertrag. Jedenfalls brauchen nicht alle Vorstandsmitglieder die Anmeldung zu bewirken. Nur die Erhebung der Klage und der Termin zur ersten mündlichen Verhandlung sind bekannt zu geben und zwar, wie § 121 BGB. ergibt, ohne schuldhaftes Zögern. Eine Veröffentlichung in anderen als den Gesellschaftsblättern brauchen sich die Aktionäre, zu deren Gunsten diese Vorschrift mit Rücksicht auf ihr Recht, sich als Nebenintervenient an dem Prozesse zu beteiligen, gegeben ist, nicht gefallen zu lassen.

Der Vorstand kann zur Befolgung dieser Pflicht gemäß § 319 HGB. durch Ordnungsstrafen angehalten werden.

[1] Staub a. a. O. S. 931; Ritter a. a. O. S. 346.

IV. Dritter Hauptteil.

Die Wirkungen der Anfechtung.

§ 17.

Die Stellung des Vorstandes während des schwebenden Anfechtungsprozesses.

An sich ist der Vorstand als Ausführungsorgan zur Erledigung eines Generalversammlungsbeschlusses verpflichtet. Er wird auch durch Einreichung einer Anfechtungsklage allein nicht schon an der weiteren Ausführung behindert. Für ihn hat eine in dem Generalversammlungsbeschlusse niedergelegte Willensäußerung der Generalversammlung so lange Gültigkeit, bis dieser Beschluß durch rechtskräftiges Urteil für ungültig erklärt wird.[1] Zögert er, den Beschluß weiterhin auszuführen, obwohl einerseits der Anfechtungsgrund nicht stichhaltig oder für das Zustandekommen des Beschlusses nicht kausal ist, und andrerseits die Ausführung im Interesse der Gesellschaft liegt, so kann er unter Umständen zur Verantwortung gezogen werden, wenn dann tatsächlich die Anfechtungsklage abgewiesen wird. Jedenfalls ist er zur Sistierung des Beschlusses nur verpflichtet, wenn dieser offenbar ungültig ist, und auch bei Nichtanfechtung ungültig bleiben würde.

§ 18.

Die Wirkung des der Klage stattgebenden Urteils.

Dieses Urteil geht stets dahin, daß der Beschluß für nichtig erklärt wird. Einen anderen Beschluß an die Stelle des für nichtig erklärten zu setzen, ist das Gericht nicht befugt. Es kann also nicht etwa an die Stelle eines eine Bilanz genehmigenden Beschlusses, bei dem Fehler in der Aufstellung der Bilanz vorgekommen waren, eine neue Bilanz setzen.[2] Es kann auch

---

[1] RG. in JW. a. a. O. Jahrgang 1896 S. 662, Hergenhahn, Der Vorstand der Aktiengesellschaft in der Zeitschrift für das gesamte Aktienwesen, Leipzig 1893 S. 120.

[2] Rehm, Bilanzen a. a. O. S. 801; Staub a. a. O. S. 933; OLG. Naumburg in Holdheim a. a. O. Bd. 11 S. 247f.

keinerlei Nebenleistungen bestimmen. Dagegen kann es einen Teil des Beschlusses für nichtig, den andern für gültig erklären, wie aus dem Wortlaut des Gesetzes (soweit...)[1] hervorgeht. Inwieweit aber eine solche Spaltung möglich ist, ohne dabei den Willen der Generalversammlung auf eine ganz neue ungewollte Bahn zu lenken, ist Tatfrage.

Das den Beschluß für nichtig erklärende Urteil wirkt sowohl gegen die Organe der Aktiengesellschaft, wie gegen alle Aktionäre, auch die, die sich an dem Anfechtungsstreite nicht beteiligt haben. Gegen Gläubiger der Aktiengesellschaft und sonstige ganz außerhalb des Verbandes der Aktiengesellschaft Stehende wirkt das Urteil nicht unmittelbar. Nur muß ein Gläubiger, der auf Grund des später angefochtenen Beschlusses die Berechtigung, für die Gesellschaft Handlungen vorzunehmen, herleitet, von der Rechtskraft des den Beschluß für nichtig erklärenden Urteils an gegen sich gelten lassen, daß er zur Ausführung dieser Handlungen nicht mehr berechtigt ist. Bösgläubig wird er sicher dann, sobald das Urteil ins Handelsregister eingetragen ist.

Diese Folgen treten ein mit der Rechtskraft des Urteils, also, wenn innerhalb eines Monats nach Zustellung des Urteils an Vorstand und Aufsichtsrat ein Rechtsmittel nicht eingelegt ist. Bis zu diesem Zeitpunkte können aber die anfechtenden Aktionäre über den Streitgegenstand frei verfügen, die Klage zurücknehmen oder Vergleiche schließen.[2]

Strittig ist die Frage, wie ein Urteil, das einen die Bilanz genehmigenden Generalversammlungsbeschluß für nichtig erklärt,

---

[1] Aus dem Worte „soweit..." leitet das Reichsgericht (Bd. 64 S. 260f.) allerdings her, daß das Prozeßgericht nicht nur die Nichtigkeit des Beschlusses feststellen, sondern auch dem petitum der Parteien entsprechende Änderungen treffen kann, sofern es dazu nach Lage der Sache imstande ist. Doch verkennt meiner Ansicht nach das RG. dabei, daß es hier stets Beschlüsse einer Körperschaft abändert, während doch zu solchen Abänderungen begriffsgemäß immer nur neue Beschlüsse derselben beschließenden Körperschaft gehören. Bei einer Nichtigerklärung des Beschlusses geht dagegen das Prozeßgericht nicht über seine Kompetenzen hinaus, da es doch dazu berufen ist, zu beurteilen, ob Gesetz und Gesellschaftsvertrag beachtet oder verletzt sind.

[2] Makower a. a. O. S. 741; Staub a. a. O. S. 933.

wirkt, wenn auf Grund des für nichtig erklärten Beschlusses bereits andre Jahresbilanzen aufgestellt und genehmigt worden sind. STAUB[1] will ein solches Urteil überhaupt nicht zulassen. Es ist aber doch möglich, daß der Prozeßrichter z. B. eine Zwischenbilanz gar nicht kennt und in dieser Unkenntnis über den angefochtenen Beschluß das Urteil spricht. Man muß also bei Beurteilung der Frage der Möglichkeit und Wirkung den Fall zugrunde legen, in·dem ein solches Urteil tatsächlich gesprochen worden ist, um zu einer prinzipiellen Entscheidung zu kommen. Ist das Urteil gesprochen und rechtskräftig geworden, so kann es unmöglich ignoriert werden. Durch das Urteil ist die Bilanz des betreffenden Jahres nichtig geworden, und alle übrigen Bilanzen sind, da auf einer nichtigen Bilanz beruhend, ebenfalls nichtig. Hier bleibt nichts anderes übrig als einfach von der angefochtenen Bilanz an neue Bilanzen aufzustellen, die allerdings unter Berücksichtigung der durch die inzwischen erfolgten nichtigen aber für gültig gehaltenen Bilanzen geschaffenen tatsächlichen Verhältnisse ein anderes Gesicht haben werden als die ursprünglichen Bilanzen. Schwierig wird die Sachlage nur dann, wenn ein Bilanzanfechtungsprozeß mehrere Jahre gedauert hat. Dieser Ausnahmefall wird aber das prinzipielle Ergebnis nicht umstoßen können. In den weitaus meisten Fällen wird es sich bei den Bilanzanfechtungen nur um die Zulässigkeit eines ganz bestimmten Postens handeln, dessen Eliminierung auch bei der einzigen folgenden Bilanz keine Schwierigkeit machen wird. Die neuen Bilanzaufstellungen werden in einer einzigen Generalversammlung geregelt werden können.[2]

---

[1] STAUB a. a. O. S. 933.

[2] Die entgegengesetzte Ansicht käme zu einem unbefriedigenden Ergebnis. Danach wird in der Nichtanfechtung der auf einem angefochtenen Bilanzgenehmigungsbeschluß beruhenden neuen Bilanz ein Verzicht auf das Anfechtungsrecht betreffs des ersten gesehen. Wollte aber nun der Aktionär unbedingt anfechten, so müßte er alle folgenden Bilanzen auch anfechten. Da würden dann also so viele Anfechtungsprozesse nebenherlaufen, als es Bilanzen gibt. Die einzelnen Prozesse werden zu verschiedenen Zeiten zur Endentscheidung reif, da doch nicht unbedingt für jede folgende Bilanzanfechtung immer der Grund gebracht zu werden braucht, daß diese Bilanz auf einer nichtigen Bilanz beruhe, sondern beliebige andere Gründe vor-

Welche Wirkungen das stattgebende Urteil auf Rechtshandlungen hat, welche der Vorstand in der ihm nach § 17 dieser Abhandlung freistehenden Ausführung des angefochtenen Generalversammlungsbeschlusses vorgenommen hat, läßt sich prinzipiell nicht entscheiden.[1] Die Gläubiger der Aktiengesellschaft werden sich in der Regel auf die Vertretungsbefugnis des Vorstandes berufen können. Für die Aktionäre gibt § 217 HGB. besondre Vorschriften. Danach ist der Aktionär nicht verpflichtet, zurückzuzahlen, was er als Gewinnanteil oder als Zinsen bezogen hat. Den Gewinnanteil stellt die Bilanz fest. Unter Zinsen können, da § 215 HGB die Zinszahlung an Aktionäre verbietet, nur die sogenannten Bauzinsen des § 215 Abs. 2 und die fälschlich als Zinsen bezeichneten Sonderdividenden verstanden werden. Mit diesen beiden Ausnahmen, die auch nur für den guten Glauben der Aktionäre bestehen, haben die Aktionäre allerdings andre unrechtmäßig empfangene Leistungen herauszugeben.[2]

§ 19.

Die Wirkung des die Klage abweisenden Urteils.

Wird die Klage abgewiesen, so wirkt das Urteil nur für und gegen den anfechtenden Aktionär. Einer neuen Anfechtung desselben Generalversammlungsbeschlusses durch ihn steht die Einrede der Rechtskraft entgegen. Ein andrer Aktionär dagegen, da ja eben das Urteil nur inter partes und nicht auch gegen die übrigen nichtbeteiligten Aktionäre wirkt, kann den Beschluß noch immer anfechten. Voraussetzung für eine neue Anfechtungsklage ist natürlich, daß sie innerhalb der gesetzlichen Monatsfrist erhoben wird und die sonstigen Erfordernisse der §§ 271 ff. HGB. erfüllt sind. Wird aber eine solche erhoben und gegen das klage-

---

gebracht werden können, über die dann allein das Gericht zu urteilen hat. Da nun außerdem hier, weil eine Verbindung verschiedene Prozesse nicht geboten ist, die Prozesse nicht unbedingt in denselben Kammern zur Entscheidung kommen müssen, so kann der eine Beschluß für nichtig, der nächste für gültig erklärt werden. Das führt aber zu unmöglichen Konsequenzen.

[1] Motive zum Aktiengesetz a. a. O. Bd. I S. 241.

[2] Pinner a. a. O. S. 105 f.

abweisende Urteil ein Rechtsmittel nicht eingelegt, so behält der Generalversammlungsbeschluß seine Gültigkeit, es sei denn, daß zwingende Gesetzesnormen oder Sonderrechte verletzt sind. In diesem Falle kann ein Generalversammlungsbeschluß auch trotz der Nichtanfechtung oder Klageabweisung Gültigkeit nicht erlangen, so daß auch aus ihm irgendwelche Rechte nicht hergeleitet werden können. Des näheren auf die Folgen der Nichtanfechtung einzugehen, würde über den Rahmen vorliegender Abhandlung hinausgehen, in der es sich nur um das Anfechtungsrecht des Aktionärs handelt.

§ 20.

Die Schadensersatzpflicht des Aktionärs bei unbegründeter Anfechtung.

Die Anfechtung muß unbegründet sein. Diese Vorschrift trifft also nicht den Fall, wenn die Klage aus formellen Gründen abgewiesen wird. Es muß ein Mangel im Klagegrund vorliegen, also ein materieller Mangel. Dazu gehören allerdings auch die Formvorschriften der §§ 271ff. HGB. Wird daher die Klage aus anderen formellen Gründen abgewiesen, so muß, um auf eine Schadensersatzpflicht zuzukommen, die materielle Grundlosigkeit erst nachgewiesen werden.

Der Schaden muß der Gesellschaft entstanden sein. Ist überhaupt kein Schaden erwachsen, so entfällt die Schadensersatzpflicht ohne weiteres. Es genügt aber auch nicht, daß den Aktionären ein Schaden erwachsen ist. Diese können sich nur nach den allgemeinen bürgerlichen Gesetzesvorschriften an den anfechtenden Aktionär halten. Ist der Kursstand der Aktien infolge des Anfechtungsprozesses gesunken, so liegt darin noch nicht notwendig ein Schaden der Gesellschaft. Dies müßte sich erst aus den näheren Begleiterscheinungen ergeben.

Schließlich muß der Aktionär „böslich“ gehandelt haben. Wann bösliche Handlungsweise vorliegt, ist Tatfrage. Sie wird immer vorhanden sein, wenn der anfechtende Aktionär die Anfechtung von vornherein für unbegründet hält oder sich während des Prozesses davon überzeugt, daß sie unbegründet sei, ohne sie danach zurückzunehmen.

Haben mehrere Aktionäre etwa nach § 271 Abs. 3 Satz 2 die Anfechtungsklage erhoben, so haften diejenigen, denen bösliche Handlungsweise dabei zur Last fällt, als Gesamtschuldner.

§ 21.

Das Urteil ist im Handelsregister zu verlautbaren und zu veröffentlichen.

Der Vorstand muß jedes Urteil und zwar auch das die Klage abweisende beim Handelsregistergerichte einreichen. Dies geht daraus hervor, daß im Satz 2 des § 273 HGB. schlechthin „das Urteil“ steht und der ganze § 273 HGB. nur von „dem Urteil“ redet, indem er sowohl die Möglichkeit der Nichtigerklärung als der Klageabweisung berücksichtigt. Die Einreichung hat unverzüglich zu erfolgen. Der Handelsregisterrichter erhält also eine Ausfertigung jedes rechtskräftigen Urteils. Nach § 259 Abs. 5 HGB. hat der Vorstand eine öffentlich beglaubigte Abschrift des Sitzungsprotokolles der Generalversammlung, in dem sich auch alle Beschlüsse befinden, unverzüglich nach der Generalversammlung dem Handelsregisterrichter einzureichen. Hatte der Registerrichter den Generalversammlungsbeschluß ins Handelsregister eingetragen, so muß er gemäß § 273 Abs. 1 Satz 3 HGB. auch das Urteil eintragen und zwar auch das klageabweisende Urteil, denn das Handelsregister genießt nach § 15 HGB. öffentlichen Glauben, und jeder, der an der Gültigkeit des Beschlusses ein Interesse hat, aber die Erhebung der Anfechtungsklage in den Gesellschaftsblättern gelesen hat, hat auch ein Interesse daran, aus dem Handelsregister zu ersehen, daß diese Anfechtungsklage abgewiesen worden ist. War dagegen der Generalversammlungsbeschluß noch nicht eingetragen, etwa weil der Registerrichter den Beschluß von vornherein für nichtig oder die angestrengte Klage für unbedingt erfolgreich hielt, so braucht er auch das Urteil nicht einzutragen. Da jede Eintragung ins Handelsregister zu veröffentlichen ist, so ist auch ebenso wie die erfolgte Eintragung des Beschlusses die Eintragung des seine Anfechtung entscheidenden Urteils zu veröffentlichen.

§ 22.

Die Stellung des Registerrichters gegenüber gesetz- und statutenwidrigen Generalversammlungsbeschlüssen.

Zum Schlusse soll noch zusammenfassend kurz die Stellung des Registerrichters zu gesetz- oder statutenwidrigen Generalversammlungsbeschlüssen gestreift werden. Die Generalversammlungsbeschlüsse bedürfen zwar zu ihrer Gültigkeit nicht der Eintragung ins Handelsregister. Sie sind auch ohne diese Eintragung gültig, wenn sie nach den sonstigen Gesetzesvorschriften ordnungsgemäß gefaßt sind. Aber alle Eintragungen ins Handelsregister genießen öffentlichen Glauben. Jeder Dritte kann sich auf das Handelsregister berufen. Dennoch ist der Registerrichter zu einer Prüfung der eingereichten Beschlüsse auf ihr gesetz- und statutengemäßes Zustandekommen hin nicht verpflichtet.[1] Er kann sich im allgemeinen auf den Boden des Beschlusses stellen. Eine solche Verpflichtung könnte man nur insoweit annehmen, als sie aus der Stellung des Registergerichtes als Hüter der Gesetze und des öffentlichen zwingenden Rechts herleitet.[2] Wie weit diese aber geht, kann hier unerörtert bleiben. Die Verantwortung trifft lediglich den einreichenden Vorstand, nicht den Registerrichter. Nur darf der Richter Beschlüsse, die offenbar Gesetz oder Statut, soweit ihre Vorschriften zwingend sind, verletzen, keinesfalls eintragen. Er muß sie zurückweisen.[3] Diese Pflicht hat er allerdings auch dann, wenn die Frist zur Anfechtung versäumt oder die Anfechtungsklage abgewiesen ist. Stoßen ihm aber Zweifel nicht auf, so kann er die Beschlüsse ohne Gefahr eintragen. Wird nun ein Beschluß angefochten, so hat er auch dann keine Pflicht zur Prüfung oder zur Zurückweisung des Antrags auf Eintragung. Er wird aber von der ihm nach § 127 FGG. gegebenen Möglichkeit, die Verfügung zur Eintragung auszusetzen, Gebrauch machen. Ja auch ohne Anfechtung wird er die nach § 271 HGB. gesetzte Monatsfrist bis zur Bewirkung der Eintragung abwarten, da erst nach deren Ablauf die endgültige Gültigkeit des Beschlusses feststeht.

---

[1] RG. Bd. 1 S. 243. [2] Ring a. a. O. S. 301 ff.

[3] Blätter für Rechtspflege im Bezirke des Kammergerichts, Jahrgang 1904 S. 84; ROHG. Bd. 20 S. 96.

Metzger & Wittig, Leipzig.

FSC
www.fsc.org
MIX
Papier | Fördert
gute Waldnutzung
FSC® C083411

Kolibri 360 GmbH
Ferdinand-Jühlke-Straße 7
99095 Erfurt, Deutschland
produktsicherheit@kolibri360.de